W0236874

Anna Sophia Burch

SuperSize Life

Mein texanisches Jahr

hansanord

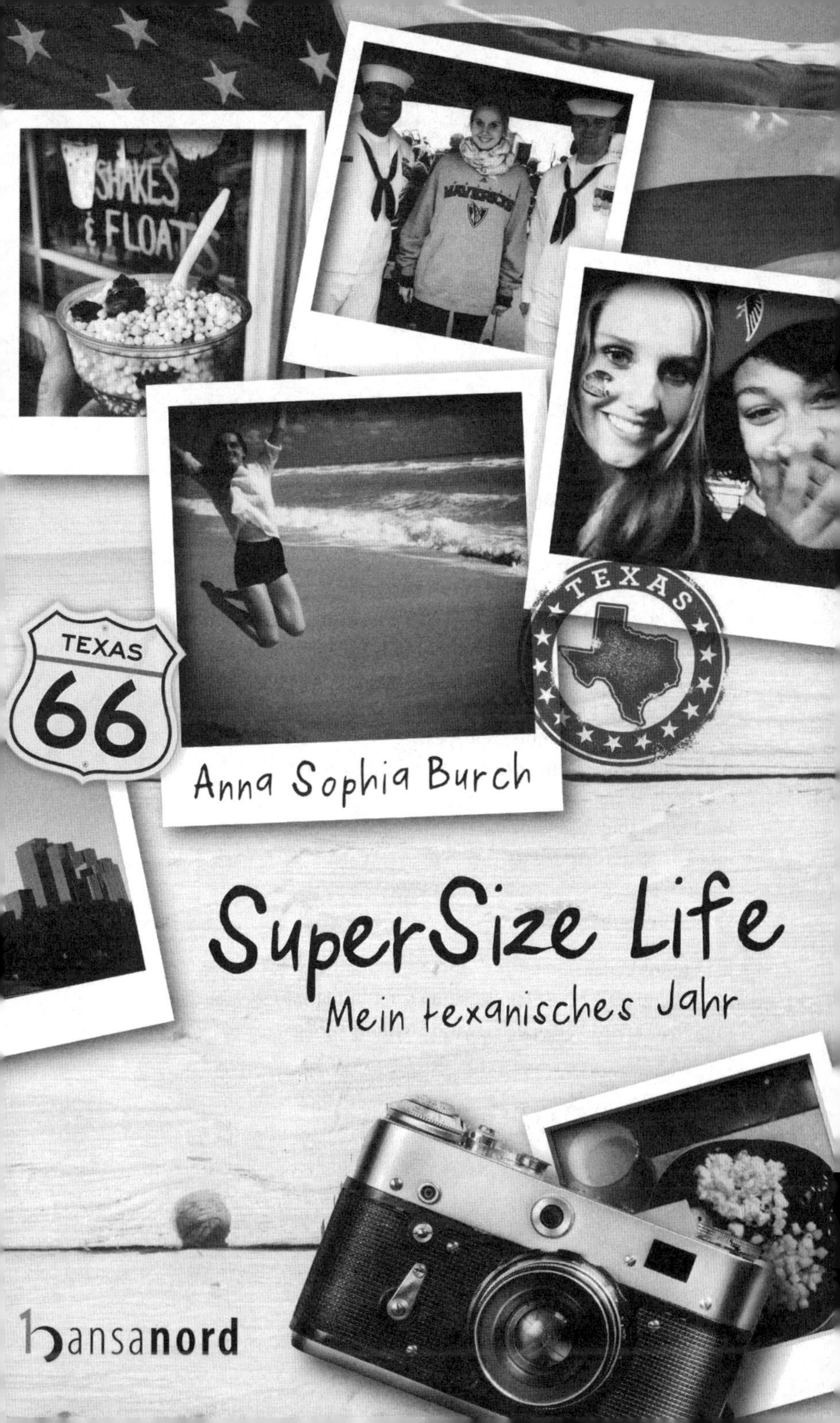
SHAKES
& FLOAT
TEXAS
TEXAS
66
Anna Sophia Burch
SuperSize Life
Mein texanisches Jahr
hansanord

Impressum

1. Auflage 2014
© 2014 by hansanord Verlag

Alle Rechte vorbehalten
Das Werk einschließlich aller seiner Teile ist urheberrechtlich geschützt. Jede Verwendung außerhalb der Grenzen des Urheberrechtsgesetzes ist ohne Zustimmung des Verlages nicht zulässig und strafbar. Das gilt vor allem für Vervielfältigung, Übersetzungen, Mikrofilmungen und die Einspeicherung und Verarbeitung in elektronischen Systemen.

ISBN: 978-3-940873-68-2

Covergestaltung, Layout: Anna Radlbeck | www.radlmadl.com
Lektorat: Birgit Rehaag | www.lektorat-satzzeichen.de
Druck: Prime Rate GmbH, Budapest
Bilder: aus dem Privatbesitz von Anna Sophia Burch

Für Fragen und Anregungen:
info@hansanord-verlag.de
Fordern Sie unser Verlagsprogramm an:
vp@hansanord-verlag.de

hansanord Verlag
Am Kirchplatz 7 | D 82340 Feldafing | Tel. +49 (0) 8157 9266 280
info@hansanord-verlag.de | www.hansanord-verlag.de

hansanord

Für Alina Markefka, die zweite Hälfte des Herzens.

Meine Zeit in Texas

Einleitung

Mein Blick schweift über meine schnarchende Sitznachbarin weit aus dem Fenster und verliert sich im Wolkenmeer. Der Himmel scheint unendlich zu sein und das Flugzeug schon unendlich weit weg von zu Hause. Die Abschiedsbriefe liegen noch ungelesen auf meinem Schoß, zu groß das Risiko, in Tränen auszubrechen und somit meine Mascara schon zum zweiten Mal zu ruinieren.

Jetzt sitze ich hier alleine im Flugzeug. Hinter mir die Schweiz, unter mir der Atlantik und vor mir das große Unbekannte.

Die Stewardess mit den knallroten Lippen schiebt ihren Wagen durch die viel zu engen Gänge. Zu pappigen Käsesandwiches fehlt mir jedoch jeglicher Appetit. Meine italienische Sitznachbarin ist inzwischen aufgewacht und lässt sich lauthals über den wässrigen, untrinkbaren Kaffee aus. Sogar die hilfsbereite Stewardess scheint am Ende ihrer Geduld zu sein mit dieser unzufriedenen Lady.

Mein Abenteuer hat begonnen.

Der Abschied von der Familie ist geschafft und war weitaus schwieriger als vorgestellt. Die ganze Familie brachte mich um vier Uhr morgens zum Flughafen. Mein Gesicht muss meinen Abschiedsschmerz gespiegelt haben, denn die Angestellte ließ meine drei Kilo Übergewicht beim Gepäck kommentarlos durchgehen. Das Warten war das Schlimmste. Die quälenden Stunden vor dem erwarteten Abschied zogen sich wie Kaugummi. Aber mein Gefühlscocktail aus Adrenalin, Vorfreude und Abschiedsschmerz wirkte wie eine Droge und ließ mich funktionieren.

Im Vorfeld musste ich mich schon von all meinen Freunden und Schulkameraden verabschieden – eine sehr emotionale Angelegenheit: So endete die Grillparty am See tränenreich. Meine Freundin Lara und ich verdarben allen die Stimmung. Wie ein Häufchen Elend saßen wir eng umschlungen da und weinten und heulten um die Wette. Ich wurde nach diesem dramatischen Abschied noch mehrmals von Bekannten und Freunden angesprochen, ob irgendetwas Schlimmes passiert sei, sie hätten uns beide so schrecklich weinend sehen. Es gibt doch nichts Besseres, als das eigene Image ein wenig aufzupeppen, bevor man für ein Jahr nach Amerika verreist.

Den endgültigen Abschied am Flughafen realisierte ich nicht wirklich: Ich umarmte noch einmal meine vier liebsten Menschen, ließ mich mit Küssen überschütten, dann rannte ich beinahe durch die Zollkontrolle.

Erst in London Heathrow wird mir klar, dass es jetzt kein Zurück mehr gibt. Dieses Mal handelt es sich nicht nur um eine kleine Reise oder eine Klassenfahrt. Zehn Monate weg von zu Hause, dreihundert Tage ohne meine Familie und Freunde, ohne meine fürsorgliche Mama. Ein Weihnachten ohne traditionelle Weihnachtsbäckerei und einmal Ostern ohne Schweizer Schokolade. Ein knappes Jahr ohne irgendetwas Klares, Beständiges oder Vertrautes. Das macht mir Angst. Ich frage mich das erste Mal, ob das Austauschjahr die richtige Entscheidung für mich ist.

Die ganze Anmeldeprozedur fing schon vor einem Jahr an, als ich mich mit meinen Freundinnen Anja und Carmen über die große weite Welt unterhielt. Die Erde ist ein einziges Überraschungspaket. Fast zweihundert Länder, einzigartige Kulturen und atemberaubende Landschaften, die nur darauf warten, erkundet zu werden. Wie soll man sich da noch auf die

Schule konzentrieren können. Unsere Mitschüler konnten es. Aber wir waren hellauf begeistert von der Idee, uns ein Jahr lang eine Auszeit vom eintönigen Schulalltag zu gönnen und in eine neue Kultur einzutauchen. Weit weg von alten Beziehungskisten und launischen Lehrern irgendwo frisch anzufangen. Für Carmen war es keine Frage, wohin ihr Austauschjahr gehen würde: Amerika, das Land der unbegrenzten Möglichkeiten, Traum und Ziel von vielen Auswanderern, war auch ihre Traumdestination. Ich selbst hatte noch nie viel für das Land des Fast Foods übrig und meinte nur zynisch zu ihr: „Viel Spaß beim Fettwerden." Wer hätte gedacht, dass meine Wahl später auch mal auf die USA fallen würde. Die verrückte Anja wählte ein exotisches Ziel, ihre Reise sollte nach São Paulo, Brasilien, gehen.

Zum damaligen Zeitpunkt wusste ich noch nicht, wohin es mich verschlagen würde, aber meine Reiselust war geweckt. Sogar von meinem ab und an aufflackernden Heimweh ließ ich mich nicht beirren. Aber die vielen Entscheidungen, die es zu treffen galt! Damit habe ich mich noch nie leicht getan. Stunden verbrachte ich mit dem Erstellen von Pro- und Kontra-Listen für verschiedene Länder. England war zu nah, Argentinien zu spanisch und Kanada zu kalt. So fiel meine Wahl, nicht zuletzt wegen des Überraschungseffekts, auf so ein riesiges Land wie Amerika, trotz der Cheeseburger und der vielen Autos.

Aufgeregt füllte ich die Online-Anmeldung aus mit einigen Wahlstaaten an der Nordostküste, die kulturell Europa am ähnlichsten sind. Um meine eigenen Bedenken zu übergehen, warf ich mich sozusagen selbst ins kalte Wasser und meldete mich an. Zu weit weg war der Moment des Abschiedes, um real zu sein, lange genug die Zeit, bis es endlich losging, um sich an den Gedanken zu gewöhnen.

Als der große Schritt der Anmeldung endlich gewagt war, verbrachte ich Wochen mit dem Warten auf die Rückmeldung meiner Organisation. Doch der Zufall wollte es, dass meine Anmeldung verloren ging, und so musste ich mit der ganzen Prozedur noch einmal von vorne beginnen. Das war nur der Anfang von vielen weiteren dummen Zu- und Zwischenfällen, die sich wie ein roter Faden durch mein Auslandsjahr ziehen sollten. Davon wusste ich aber damals noch nichts und füllte unbekümmert noch einmal die Anmeldung aus. Hätte ich auch nur ein wenig Aberglaube in mir, wäre ich sicherlich von all den schlechten Omen aufgerüttelt worden und hätte mein Austauschjahr gecancelt.

„Vegetarisch oder das Fleischmenü für Sie?", reisst mich die Stewardess mit den roten Lippen aus meiner Tagträumerei, und ich schrecke von meinem Tagebuch hoch. „Vegetarisch, bitte", und dann ist sie auch schon wieder mit meiner Nachbarin beschäftigt, deren Leben anscheinend davon abhängt, Parmesan für ihre Pasta zu bekommen. Ich krame meine iPod-Stöpsel aus dem Rucksack und versuche, mit lautem Hip-Hop mein Umfeld auszulöschen.

Im Februar kam die erste große Nachricht. Gerade als ich meinen Rucksack schwungvoll in die Ecke werfen wollte, kam meine Mama angerannt und umarmte mich so fest, dass mir die Luft wegblieb. Mit Tränen in den Augen berichtete sie mir, dass mich eine Gastfamilie in Petaluma, einem Vorort von San Francisco, aufnehmen wolle. Was für ein Zufall, denn genau in diesem Ort hatte auch meine Mutter vor fünfundzwanzig Jahren einen Sprachaufenthalt verbracht! Ich war so überwältigt, meine Emotionen blieben irgendwo zwischen Lachen und Weinen stecken. San Francisco liegt zwar nicht gerade an der Nordostküste, aber wer sagt schon nein zu Kalifornien? Untypisch ist es, so früh platziert zu werden, und so war ich auch die erste unter meinen Freunden, die mit dieser Neuigkeit zur Schule kam. Durch den E-Mail-Kontakt mit der Gastfamilie stieg meine Vorfreude. Erste Fotos wurden ausgetauscht, und die Familie schien trotz knappgehaltener E-Mails sympathisch zu sein. Schreibfaulheit sei sowieso typisch amerikanisch, tröstete mich meine Mutter.

Einen Monat später kam jedoch die enttäuschende Nachricht, in der mir knapp die Lage geschildert wurde. Die Gastmutter hatte ihren Job als Lehrerin verloren und dadurch war es der Familie finanziell nicht mehr möglich, mich aufzunehmen. Wie eine Seifenblase zerplatzte mein Traum von einem Austauschjahr in Nordkalifornien, mit Ausflügen an den Strand und Shoppen in San Francisco. Ich war untröstlich und wollte von Amerika erst mal gar nichts mehr wissen. Auch der interessante Vorschlag der Gastmutter, eine Tupperware-Party für mich zu schmeißen, um so eine passende Gastfamilie zu finden, erschien mir nicht besonders prickelnd. Ein Austauschschüler lässt sich nun mal nicht so einfach wie das neueste multifunktionale Küchengerät höchstbietend versteigern. So kam meine Anmeldung zurück in den Pott. Doch die Vorfreude auf mein Amerika-Jahr war getrübt.

Der Pilot scheint einen schlechten Tag zu haben, denn schon zum dritten Mal wird das Flugzeug mächtig durchgeschüttelt. Aber mir ist das momentan einerlei, obwohl es nicht die schönste Vorstellung ist, im Atlantik zu ertrinken. Schade, dass ich keine Beruhigungsmusik mit Delfinstimmen auf meinem iPod habe. Wenigstens scheint meine Nachbarin durch die Turbulenzen stillgestellt zu sein. Weiss um die Nase wühlt sie hektisch in ihrer großen Tasche, bis sie ihre Schlaftabletten gefunden hat.

Ich atme tief ein und öffne den Umschlag von Mamas Abschiedsbrief. Durch Tränenschleier lese ich die lieben Zeilen. Sogar mein kleiner Bruder hat mit seiner krakeligen Handschrift ein Briefchen geschrieben, wie sehr er mich vermissen werde. Was für eine schlechte Idee, mir alle Briefe für den Flug aufzuheben. Alles, was zurückbleibt, ist ein flaues Gefühl im Magen und schon erste Anzeichen von Heimweh. Die Italienerin scheint in einen komaartigen Schlaf gefallen zu sein. Wie friedlich doch Schlafende aussehen. Mir soll es recht sein, denn für Small Talk fehlen mir momentan jegliche Nerven.

Ich unterdrücke ein Gähnen. Reisen ist doch immer viel zu anstrengend. Die letzten Wochen, ja beinahe Monate, habe ich nicht gerade viel geschlafen. Viel zu viele Freunde, mit denen ich unbedingt noch einmal etwas unternehmen wollte, Festivals, die nicht zu verpassen waren, und nebenbei noch eine liebe Tochter und Schwester sein, um in den nächsten zehn Monaten in guter Erinnerung zu bleiben. Die Zeit bekommt einen ganz anderen Wert, wenn das Abreisedatum bekannt ist. Jede Minute wird wertvoll genutzt und die Tage mit Programmen ausgefüllt. Nach dem Motto, alles noch einmal so richtig genießen, lebte ich die letzten zwei Monate in der Schweiz auf der Überholspur, was nicht nur gut war. So genoss ich Partys und Alkohol noch einmal in vollen Zügen, wo ich doch für eine längere Zeit darauf verzichten würde müssen. Tequila und Zitrone zeigten bei mir immer schön ihre Wirkung – aber welche Geschichte fängt schon mit einer Limonade an?

Sich noch einmal richtig von Oma verwöhnen lassen und auf einen Ausflug mit den Großeltern gehen, trotz Feier am Vorabend. Mit meinem Aktivitätsdrang hielt ich die ganze Familie auf Trab. Aber wie sie mir später erzählten, vermissten sie diesen dann doch bei all der Ruhe, die ich zurückließ. Ich muss zugeben, das war eine tolle Zeit, und ich bin ausgefüllt mit vielen schönen und lustigen Erinnerungen. Aber wie schnell diese Monate verflogen sind, man kann sich an gar nichts festhalten. Darum schreibe ich Tagebuch, dann weiß ich wenigstens, wie die Zeit verflossen ist. Mein Tagebuch ist wie eine Konservendose für Erinnerungen und es wird in den kommenden Monaten sicherlich auch als Prellbock für meinen Ärger und meine Aggressionen herhalten müssen.

Ein paar Monate nach der großen Enttäuschung mit der Gastfamilie in San Francisco landete wieder eine E-Mail in meinem Postfach: „Gratuliere zu deiner neuen Gastfamilie", stand im Betreff. Ich war auf alles gefasst, aber nicht auf Keller. Das ist ein Vorort von Fort Worth, in der Nähe von Dallas, Texas. Die Aufregung ist nicht halb so groß wie beim ersten Mal. Texas? Was für eine Ironie des Schicksals, dass es mich jetzt auch noch in den tiefsten Süden der USA verschlagen soll, dachte ich mir. Sprichwörtlich in den Keller der USA. Da half auch das gute Zureden von meinem Vater nichts, der meinte, dort habe die NASA einen bekannten Kontrollsitz, was doch sehr spannend sei. Wenigstens ein Raketenstützpunkt in der Nähe, wie cool. Vor meinem inneren Auge sah ich mich selbst mit Cowboyhut auf einem bockigen Pferd sitzen zwischen zwei Kakteen, umgeben von der einsamen Weite der Wüste. Da ich mit Pferden noch nie gut klar kam, hatte diese Vorstellung für mich so gar nichts Verlockendes an sich. Jeder, der mich nur halbwegs kennt, konnte sich ein Lachen nicht verdrücken, wenn ich von meiner neuen Destination erzählte.

„Sprechen die überhaupt Englisch?", fragte mich hämisch grinsend ein Bekannter. Meine Freunde erzählten mir von Kakteen, Kühen und Pferden, von sonnengegerbten Cowboys, die mit ihren Rinderherden durch die sandige trockene Wüste reiten und abends bei Countrymusik zum Barbecue zusammensitzen. „Außer Steaks und Burger gibt es da nichts zu essen", warnte mich eine Freundin – für mich als Vegetarierin keine schöne Vorstellung. Selbst meine Mutter bemerkte fürsorglich, ich solle mich auf keinen Fall auf politische Diskussionen mit den Einheimischen einlassen. Irgendwann war ich ganz schön genervt und verunsichert von der Engstirnigkeit meines Umfeldes. Ob ich wenigstens schon reiten oder schießen könne? Diese Fragen trieben mich in den Wahnsinn. Doch was sollte ich anderes tun, als mich mit der Situation abzufinden? Ich sollte später noch am eigenen Leib erleben, dass man als Austauschschüler nicht viel zu sagen hat.

So recherchierte ich im Internet, in der Hoffnung, mich etwas beruhigen zu können. Die Gastfamilie schien sympathisch zu sein. Die jungen Gasteltern bewohnten mit ihren zwei kleinen Kindern ein großes Einfamilienhaus. Wenigstens ein kleiner Trost, dachte ich mir. Meine Schule hätte ich besser nicht auf Google Earth angeschaut, denn das gefängnismäßige Flachdachgebäude, umgeben von trockenem, sandigen Land und Parkplätzen, trübte meine Highschool-Musical-Fantasien doch sehr. Das Internet hatte viel über den zweitgrößten Staat von Amerika zu sagen. „Texas, der Staat mit den meisten Hinrichtungen", stand da, „Texas, der Staat, in dem Kreationismus (Glaube an Adam und Eva) auf dem Vormarsch ist". Zudem stieß ich bei meinen Recherchen auf Begriffe wie Übergewicht, Konsumsucht und Patriotismus. Außerdem sollte die Mehrheit der sonst sehr gastfreundlichen Texaner ihren Revolver stets griffbereit am Gürtel tragen.

Es knistert in den Lautsprechern: „Wir treffen in voraussichtlich dreißig Minuten in New York ein. Lokale Temperaturen sind achtzig Grad Fahrenheit und das lokale Wetter ist sonnig mit wenigen Wolkenfeldern."

New York. Eine Traumstadt! Meine riesige Vorfreude auf die Metropole überdeckt meine Skepsis gegenüber dem, was mich in Texas erwarten wird. Der Big Apple versprüht einen unvergleichlichen Zauber und schon hier, noch zweitausend Meter in der Luft, kann man, so meine ich, die Freiheit spüren. Mit hundert anderen Austauschschülern aus aller Welt habe ich mich zu einem Vorbereitungscamp der Austauschorganisation in New York angemeldet. Auf dem Programm stehen Sightseeing, erstes Überlebenstraining auf Englisch und, nicht zuletzt, die Akklimatisierung an die amerikanische Mentalität und Kultur.

New York

Das Flugzeug setzt zum Landen an. Mein Magen krampft vor Aufregung. Jetzt geht es los. Vor lauter Tagträumerei habe ich mich weder geschminkt, noch meine Haare gebändigt. Es wäre die Mühe sowieso nicht wert, mit dem knallgelben Erkennungs-Shirt, das alle Austauschschüler der Organisation zu tragen haben. Aber Natürlichkeit soll ja sympathisch sein, hoffentlich auch in Amerika. Meine Knie knacken, als ich aufstehe. „Arrivederci la bella ragazza!", verabschiedete sich meine Nachbarin von mir und drängelte sich als Erste einen Weg aus dem Flugzeug. Der erste Abschied seit Langem, der mir sichtlich leicht fällt.

Es ist nicht schwer, die anderen Jugendlichen aus meinem Programm zu finden. Wie verlorene Leuchtstifte stechen wir aus der grauen Menge an der Gepäckausgabe. Ich atme erleichtert auf, als ich ein bekanntes Gesicht erspähe. Die hübsche Schweizerin Klara, die ich schon in London kennengelernt habe, winkt mich zu sich. Zusammen hieven wir unsere tonnenschweren Taschen vom Laufband. Als sich alle Leuchtstifte aus Norwegen, Italien und ganz Mitteleuropa versammelt haben, führt uns der schwedische Gruppenleiter zum Bus. Der Abschiedsschmerz ist auf einmal wie weggeblasen und die Abenteuerlust ist auf allen Gesichtern zu sehen. Mit dem Bus fahren wir aus der Stadt und bleiben auch vom New Yorker Feierabendverkehr nicht verschont. Doch zu sehen gibt es genug. „Schau, da hinten die Bronx", raunt Klara mir zu und zeigt mit dem Finger auf das dicht besiedelte, braune Häusermeer zu unserer linken Seite, das in der Abendsonne einen friedlichen Eindruck macht. Mit dem iPod versuche ich ein Foto durch die dreckige Scheibe des Busses zu schießen.

Wir sind in dem hundertjährigen College in New Rochelle untergebracht, einem sicheren Studentenstadtteil, etwas außerhalb der lauten New York City. Bei der Zimmeraufteilung werden alle Ländergruppen vermischt und so teile ich mein Zimmer mit einer Italienerin und einem blonden Mädchen aus Norwegen. Da aber die Englischkenntnisse fehlen, bleibt es beim Small Talk. Trotz aller Mühe der jungen Leiter wollen sich die Nationalitäten nicht so recht mischen. Die strikte Regel, nur Englisch zu sprechen, wird kaum eingehalten. Klara und ich gesellen uns zu der kleinen Schweizer Gruppe, wo natürlich nur Schweizerdeutsch gesprochen wird. Die blonden Norweger scheinen sich auch schon gefunden zu haben und die italienische Vertretung steckt ihre Köpfe zusammen, als würde sie sich schon ewig kennen.

Beim ersten Abendessen bin ich richtig in den USA angekommen. Hello America, denke ich mir nur, als ich lustlos in meinen Hamburger ohne *ham* beiße. Der Teamleiter will mir nicht glauben, dass ich Vegetarierin bin, wo doch Fleisch das Beste am Essen sei. „Wartest du jetzt auf einen Beweis oder hast du schon jemals jemanden freiwillig ein trockenes Hamburgerbrötchen mit einem Salatblatt essen sehen?“, ist meine patzige Antwort darauf. Wenigstens biete ich immer das Tischgespräch Nummer eins, wenn ich die Salami von meiner Pizza picke oder meinen eigenen vegetarischen Hotdog improvisiere. Über die Essgewohnheiten anderer zu philosophieren, scheint die Lieblingsbeschäftigung vieler zu sein. Da erlaube ich mir auch gerne hin und wieder einen makabren Scherz, und fange an, über Massentierhaltung oder über die Hormone im Fleisch zu erzählen, die sich vor allem bei Frauen gerne an der Hüfte ablagern. Keines der Mädchen hat ihren Hamburger fertiggegessen, und das Gesprächsthema schweift wieder ab zu den Vorurteilen gegenüber Amerika. Wo ist der Stand-by-Knopf meiner Geschmacksknospen? Beim Essen scheinen sich alle Vorurteile zu bestätigen: fett, fad und nie ohne Fleisch.

Am nächsten Morgen geht es früh los. Alle sind schon da, nur die Italiener lassen wieder einmal auf sich warten. Und, wie es die Regel besagt, müssen sie nach zehn Minuten Verspätung die heimische Nationalhymne vor versammelter Gruppe singen. Die erste Strophe der italienischen kann ich schon fast auswendig. Wir fahren wieder mit dem Bus, diesmal nach Manhattan. Der Song „New York" von Alicia Keys beschreibt die Stimmung, die im Bus herrscht. Klara, Jenny und der Rest unseres kleinen Schweizerclubs, alle sind wir aufgeregt. Eitelkeit ist fehl am Platz. Wir Mädchen hätten uns gerne was Schönes angezogen, um richtig in das Gossip-Girl-Feeling reinzukommen, doch wir müssen wieder die gelben Shirts anziehen. Ich kann kaum leugnen, dass ich mir ein wenig vorkomme wie das unschuldige Mädchen aus dem kleinen Schweizer Dorf alleine in der Big City. Die Wallstreet, der Ground Zero und China Town, das alles mit eigenen Augen zu sehen, scheint wie im Film. Trotz des bedeckten Himmels und des schwülen Wetters ist der Blick vom Central Park auf die Skyline von Manhattan atemberaubend. Es wird fürs Foto posiert, und die vielen gut trainierten Jogger sind ein genauso beliebtes Fotoobjekt wie die Skyline selbst. Die Sportler schnaufen in der schwülen Hitze um die Wette und schaffen es trotzdem noch, umwerfend auszusehen. Das findet man nur in New York.

Beim Broadway angekommen, laufen alle Kameras heiß. Ich weiß nicht, wohin ich zuerst sehen soll. Selbst bei Tageslicht sind die vielen Farben und Bildschirme, die verschiedenen Menschen und Läden einfach umwerfend. In Dreiergruppen dürfen wir alleine losziehen, und man kann sich vorstellen, was passiert, wenn man zum ersten Mal in Kontakt mit amerikanischen Kleiderläden kommt. Jenny, Klara und ich starten unseren Marathon bei *Forever 21*, das ist *der* amerikanische Kleiderladen, den man einfach kennen muss. Mit den Aussichten, bald auf eine texanische Highschool mit Dresscode zu gehen, weiß ich nicht, was ich dort zu erwarten habe, und halte mich beim Einkaufen ein wenig zurück. *Starbucks*-Cafés sprießen hier aus dem Boden wie Unkraut. Es ist fast ein Muss, dort einen Kaffee zu trinken. Es gefällt mir immer besser, und Klara ist sowieso glücklich, wenn sie ihre *iced chai tea latte* bekommt.

Auf den New Yorker Straßen trifft man alles an. Kunterbunt gemischt und alles auf engem Raum. Die gestressten Businessleute, die mit dem iPhone am Ohr gerade dabei sind, das Geschäft ihres Lebens ans Ufer zu ziehen, und gleichzeitig noch nach einem Taxi Ausschau halten. Dann gibt es aber auch die entspannteren New Yorker, die mit dem Kaffee in der Hand im Park mit ihrem Hündchen Gassi gehen. Durchgestylte Hipster, die mit ihren MacBooks im Straßencafé sitzen, oder Penner, die ihr Frühstücksbier auf der Gasse trinken. Es scheint, den Durchschnitts-New-Yorker gibt es nicht, denn alle hier sind so sehr damit beschäftigt, sich als Individuum zu verwirklichen.

Klara, Jenny und ich erkunden die Fifth Avenue zu Fuß und verirren uns trotz schön nummerierter Straßen. Der Stadtplan ist auch keine große Hilfe, wenn niemand einen Orientierungssinn hat. Bei all den Hochhäusern und Wolkenkratzern fühlt man sich klein wie eine Ameise. Auch die gelben Taxis sind an jeder Ecke vertreten, schön im Partnerlook mit unseren gelben Shirts. Verloren laufen wir durch die Häuserschluchten des Großstadtdschungels und plötzlich sind wir umzingelt von geschäftigen Businessleuten. Irgendwie hat es uns ins Bankenviertel verschlagen. Jenny meint nüchtern: „Ich fühle mich ziemlich underdressed hier mit meinen Shorts.“ Gerade wohl fühle ich mich auch nicht, vor allem nicht, als Klara meint, sie müsse Geldwechseln gehen. So bleibt uns beiden nichts anders übrig, als mit Klara durch eine der schweren goldenen Türen in eine Bank zu gehen, wo wir aber sogleich vom Securitypersonal abgefangen werden. Zugegeben, mit unseren leuchtstiftgelben Shirts und Turnschuhe entsprechen wir nicht gerade dem Bild des durchschnittlichen Kunden. „You girls better stay outside“, meint der Mann auf unsere Frage, ob wir Schweizerfranken in Dollars wechseln können. Das ist mir zu viel. Ich schnappe mir die beiden, und wir rennen nach draußen, wo wir uns alle krümmen vor Lachen. Also: „No more shopping for Klara“.

Ich liebe New York. Die Stadt scheint erstaunlicherweise sehr grün zu sein. Alleen und die vielen Parks geben der Metropole diesen grünen Touch. Sogar Fast Food kann hier lecker sein. So esse ich heute Mittag im *Hardrock-Café* den besten *veggie burger*, den ich jemals gegessen habe. Stolz posiere ich mit meinem riesigen Burger vor der Kamera und poste das Bild sofort auf Instagram. Der große Spaß bei der ganzen Reiserei ist doch, alle seine Freunde zu Hause eifersüchtig zu machen. Die Organisatoren haben alles schön durchgeplant. Vollgegessen laufen wir aus dem Restaurant, wo bereits eine Limousine wartet, die uns zum Bootshafen fährt. Jenny und ich singen schon den ganzen Tag den gleichen Song. Als dieser dann auch noch im Radio in der Limo läuft, ist der Moment perfekt. Jenny, Klara und die anderen von meiner Gruppe singen lauthals mit. Wir fühlen uns wie *Jay-Z* persönlich auf dem Weg zum Club.

Als wir am Schiffshafen ankommen ist die ganze Gruppe schon high vor lauter Glück und jeder schreit, singt oder tanzt herum. Kann man an einem Tag auch eine Überdosis zu vieler guter Erlebnisse haben? Mit dem Boot geht es um die Halbinsel Manhattan herum, bei wunderschöner Abendstimmung. Die Skyline scheint in der Sonne zu glitzern und uns bleibt bei dieser wunderschönen Sicht beinahe das *Subway*-Sandwich im Halse stecken. Ich schieße Hunderte von Bildern. Kurz vor der Freiheitsstatue gibt meine Kamera den Geist auf. Doch der Moment ist viel zu kostbar, um sich an so einer trivialen Dummheit zu ärgern. Die Freiheitsstatue strahlt Hoffnung, Erfolg und nicht zuletzt Freiheit aus. Ich glaube zu fühlen, was den vielen Einwanderern vor Ellis Island durch den Kopf gegangen sein muss, als sie die massive Kupferstatue zum ersten Mal erblickten. Alle Bootsinsassen schauen ehrfürchtig auf die historische Statue, und ich denke mir zum zweiten Mal: Hello America, I‘m ready for you!

Bei dem vollen Programm habe ich keine Zeit für Heimweh.

Abends sinke ich todmüde ins Bett und beim Tagebuchschreiben fallen mir beinahe die Augen zu. Doch gerade, als ich für drei Minuten eingenickt bin, schrecke ich hoch und kriege fast eine Herzattacke: Auf meinem Tagebuch sitzt eine fette schwarze Spinne! Mit einem unterdrückten Schrei springe ich von meinem Bett auf und auch meine Mitbewohnerinnen, die mir zu Hilfe eilen wollen, suchen schnell das Weite. Alle Versuche, das Riesenvieh aus dem Fenster zu bugsieren, gehen schief, und die Spinne verzieht sich auf Nimmerwiedersehen unter mein Bett, in dem ich wohl oder übel noch die nächsten Nächte schlafen muss. Heroisch überwinde ich mich und lege mich dennoch hinein – und schlafe auch tatsächlich irgendwann ein.

Neben sight seeing haben wir in den nächsten Tagen auch noch andere Programmblöcke. Wir bekommen eine Einführung ins Cheerleading und spielen American Football. Das ist gar nicht so einfach. Es scheint mehr Regeln als Punkte zu geben. Da ist mir Baseball schon lieber. Eine kräftige autoritäre Frau, Coach genannt, führt uns in das Spiel ein. Bevor wir anfangen zu spielen, müssen wir alle schwören, dass bei einem Unfall die Trainer nicht zur Verantwortung gezogen werden. Ihre Regeln scheinen härter als der Ball selbst zu sein. Zu meinem Glück mag mich der Coach und ich darf meine Mannschaft selbst auswählen. Ein bisschen Sport ist ja auch gesund bei all dem Fast Food.

In den wenigen Unterrichtsstunden lernen wir das *must know* für einen Austauschschüler. Der wichtigste Punkt ist, offen zu sein, und Amerika nicht mit dem Heimatland zu vergleichen. Am einfachsten ist es, alles zu akzeptieren und die Unterschiede nicht als *schlecht*, sondern einfach als *anders* zu bewerten. Das ist schon die halbe Miete. Wichtig zu wissen, ist auch, dass die meisten Amerikaner ein stolzes und patriotisches Völkchen sind. Mit Kritik an Land oder Kultur macht man sich keine Freunde. Und keine neuen Freunde zu finden, ist die Angst eines jeden Austauschschülers hier im Camp.

Wir alle hier sind in nervöser Erwartungshaltung auf unsere neuen Schulen, wo wir ein Jahr lang verbringen werden. Der Abschied von all den neuen Bekannten hier im Camp ist hart, auch wenn man sich verspricht, in Kontakt zu bleiben. Ich habe innerhalb einer Woche so gute Freunde gefunden, so viel gelacht und zusammen mit ihnen die Stadt unsicher gemacht. Jedoch allem Guten ist ein Ende gesetzt. Freundschaften sind eine Investition in die Zukunft, das werde ich im Laufe dieses Jahres deutlich merken. Durch Verabredungen via Skype im Laufe der nächsten zehn Monate wachsen mir Klara und Jenny sehr ans Herz und werden zu meinen besten Freundinnen am anderen Ende von Amerika.

Als Austauschschüler gewöhnt man sich besser gleich von Anfang an ans Abschiednehmen. Denn man verabschiedet sich permanent. Von lieben Freunden, tollen Menschen und starken Persönlichkeiten, die alle mehr als nur gute Erinnerungen in einem hinterlassen. Der letzte Abend im Camp ist gekommen, und wir haben eine kleine improvisierte Abschieds-Disco im Speisesaal. Zuerst bin ich nicht so begeistert von der Idee, dass die Leiter zwanghaft gute Partylaune zu verbreiten versuchen, aber mit der Zeit werde ich von der Musik mitgerissen und tanze mir alle Sorgen und Ängste von der Seele. Es scheint den meisten so zu gehen – oder Austauschschüler sind einfach besondere Partytiere! Die Stimmung jedenfalls wird sehr ausgelassen.

Als der Moment des Tschüss-Sagens am nächsten Morgen gekommen ist, fließen auch bei mir die Tränen. Ich schließe Klara in die Arme, die die nächsten zehn Monate im Staate New York verbringen wird. Jenny wird nach Minnesota fliegen, eine nicht ganz so lange Reise wie nach Texas. Aber zum Glück muss ich nicht alleine reisen. Und so vergeht die Flugreise sehr schnell. Mit den Gedanken bleibe ich an den vielen tollen Erinnerungen hängen, die ich von jetzt an mit New York verbinden werde. Ich sage: „Goodbye, New York, see you again soon!“

Trotz unserer Einführung im Camp zum besseren Verständnis der amerikanischen Mentalität, muss ich zugeben, dass die Amerikaner mir noch immer ein Rätsel sind. Ständig fallen mir Kleinigkeiten auf: Was für eine Logik steckt zum Beispiel dahinter, eine *low fat latte* zu bestellen, sich dazu aber einen *double chocolate muffin* zu gönnen?! Aber ich will hier ja nicht lästern, wahrscheinlich werde ich in Amerika selbst aufgehen wie ein Schokoladenmuffin.
Außerdem ist mir in den letzten Tagen aufgefallen, wie viel Abfall hier produziert wird. Allein unsere Gruppe hat Hunderte von Abfallsäcken gefüllt mit Papptellern und Plastikbesteck. Bin ich zu kritisch? Ich hoffe einfach nur, dass in Texas die Klimaerwärmung nicht als Märchen angesehen wird, im Land der Kreationisten ist das keine Selbstverständlichkeit. Diese Gedanken ziehen mir durch den Kopf, als ich an meinem Fensterplatz im Flugzeug Richtung Texas sitze.

Die Aufregung steigt immer mehr, denn jetzt wird es Ernst, jetzt lerne ich bald die Gastfamilie kennen! Ich freue mich darauf, endlich meinen Koffer auspacken und mich einrichten zu können. Melissa, die mit mir nach Dallas fliegt, und ich vergleichen unsere zitternden Hände, als das Flugzeug zum Landen ansetzt. Dieses Mal überlasse ich mein Aussehen nicht dem Zufall, auch wenn es jetzt, fünf Minuten vor der Landung, reichlich spät dafür ist. Ich schleiche mich an der Stewardess vorbei und versuche mich auf dem engen Flugzeugklo zu schminken, wo ich aber mehr als nur ein wenig durchgeschüttelt werde.

Ankunft

Schwerfällig hieve ich meinen Koffer vom Gepäckband und verabschiede mich von Melissa mit dem Versprechen, sie in einem Jahr dann in Hamburg zu besuchen. Es durchfährt mich wie ein Blitz, als ich meine Gastfamilie zwischen all den anderen aufgeregten Austauschschülern erblicke. Die vier kenne ich nur von Bildern, die wir in den letzten Wochen immer wieder ausgetauscht haben. Mit einem selbst gemalten Plakat heißen mich die fünfjährige Alice und der achtjährige Jason willkommen, und auch meine jungen Gasteltern sagen mit einem auffälligen Südstaatenakzent: „Welcome to Texas". Sie sind überrascht – mit so einem großen Schweizer Mädchen haben sie nicht gerechnet.

Eine schwüle Hitze schlägt mir ins Gesicht, als wir nach draußen treten, und meine Gastmutter schmunzelt über meine dicke Wolljacke, über die ich vor einer halben Stunde im Flugzeug noch sehr froh war. Damit ist der Damm gebrochen und auch die Kinder scheinen etwas Vertrauen zu ihrer neuen großen Schwester zu fassen. „Wie ist das Wetter in der Schweiz?" – „Hast du eine PSP Konsole zu Hause?" – „Hast du die Diamanten gesehen, die ich für dich auf das Poster gemalt habe?" So viele Fragen auf einmal und alle auf Englisch. Das kann ja heiter werden, denke ich mir. Bei dieser Redegeschwindigkeit habe ich Schwierigkeiten, auch nur jedes dritte Wort zu verstehen, und nebenbei muss ich auch noch mit Alice und ihrer Puppe spielen. Und ich dachte immer, meine Englischkenntnisse seien gut.

Mit dem Auto fahren wir Richtung Keller. Mein erster Eindruck ist: RIESIG. In Texas scheint alles nicht nur doppelt, sondern um drei Nummern größer zu sein als anderswo. Die grauen Autobahnen, *highways* genannt, ziehen sich wie Betonstreifen durch die flache, aber erstaunlich grüne Ebene. „Kannst du mir einen Delfin malen?", fragt mich Alice mit ihren großen blauen Augen. Ich sehe schon, die Kleine weiß, wie sie ihren Willen bekommt mit ihrem Welpenblick. Aber man kann gar nicht anders, als das kleine blonde Mädchen mit ihrer runden Brille ins Herz zu schließen. So versuche ich mich auf ihrem Hightech-Zeichenbrettchen, und sie scheint mit dem Ergebnis nicht unzufrieden zu sein. Mein Blick schweift wieder aus dem Fenster. Einfamilienhäuser so weit das Auge reicht, allesamt schön aufgereiht in gleichmäßigem Stil. Die Architektur hier scheint ihre Grenzen zu haben. Am Horizont sieht man die Skyline von Fort Worth, schön eingebettet in den riesigen Agglomerationsteppich. Knallige Leuchtreklamen, Fast-Food-Restaurants und Fressbuden säumen die Autobahn. „Wetten, du kriegst nie raus, was der Code meines iPods ist?!", versucht Jason die Aufmerksamkeit auf sich zu lenken. Er lacht sich darüber kaputt, wie ich versuche, die richtige Zahlenkombination zu finden. Ist ja schön zu sehen, wie einfach man kleine Kinder glücklich machen kann. Langsam fange ich an zu schlottern. Trotz der texanischen Sauna draußen, scheinen die Temperaturen im Auto unter dem Gefrierpunkt zu liegen. Amerikaner scheinen ein anderes Temperaturgefühl zu haben. Aber man will als neuer Austauschschüler ja nicht gleich Forderungen stellen, außerdem ist die anfängliche Schüchternheit, zumindest auf meiner Seite, noch nicht ganz verflogen. Zum Glück drehte Alice nach einer Weile die Klimaanlage runter.

Als wir in eine Einfahrt einbiegen, sind wir zu Hause. Ich staune beim Anblick des riesigen Hauses. Jeremy, mein Gastvater, gibt mir eine Führung durch das Einfamilienhaus. Von eigenem Filmtheater bis zu meinem Zimmer mit eigenem Bad – alles ist super ausgestattet. Nur die Alarmanlage verunsichert mich ein wenig. Beim Öffnen der Eingangstür ist immer ein Piepsen im Wohnzimmer zu hören. Ob man sich dadurch wirklich sicherer fühlt oder eher wie ein Gefängnissträfling, da bin ich mir noch nicht so sicher. Die große Überraschung wartet in meinem neuen Zimmer auf mich. Da liegt doch tatsächlich ein iPhone auf meinem Bett! Ich darf das alte Handy meines Gastvaters benutzen, worüber ich total aufgeregt und unendlich dankbar bin. Das ist etwas Anderes als das steinzeitartige Tastenhandy, das ich zu Hause benutzte habe.

Zum Abendessen gibt es eine kleine Filmparty im *movie room* mit Pizza auf Papptellern. Jedes Familienmitglied hat seinen eigenen Sessel, ich auch. Ich werde schon sehr lieb in die Familie aufgenommen. Gerade, als ich mich mit einer Fleecedecke in meinen neuen Sessel kuscheln möchte, platzt Alice mit einer neuen Überraschung heraus. Sie scheint es nicht mehr länger für sich behalten zu können:„Morgen fahren wir nach Florida!". Jason fährt seine kleine Schwester wütend an, warum sie denn immer alle Überraschungen verderben müsse. Megan, meine Gastmutter, sagt, dass ich meine Taschen tatsächlich gar nicht auspacken solle, da es morgen früh wirklich auf einen *road trip* nach Destin in Florida gehen werde. Wow, so mag ich das! Schlag auf Schlag in ein neues Abenteuer, denke ich.

Florida

Vor Kurzem saß ich noch zu Hause in der Schule und träumte von dem vor mir liegenden Austauschjahr, und jetzt lebe ich es. Morgens um sechs Uhr geht es ab in den Wagen, zum Frühstück gibt es unterwegs ein paar Donuts. Jetzt sitzen wir alle im Auto Richtung Ferienparadies, wo wir die nächsten zwei Tage verbringen werden. Zehn Stunden Fahrtzeit für so wenige Ferientage in Florida, das spricht für das Ferienziel! Und wie sagt man doch immer?! Der Weg ist das Ziel! Unser Weg führt durch Louisiana, Mississippi und Alabama bis nach Florida. Bei einem amerikanischen *road trip* gibt es scheinbar einen festen Rhythmus von Essen und Fahren. Alle paar Stunden gibt es einen Essens-Stopp in einem Fast-Food-Lokal bei einer Tankstelle oder in einem traditionell amerikanischen Café. Zwischendrin ist jeder mit seinem elektronischen Gerät beschäftigt. Jeremy hat einen mobilen Hotspot für freies Internet im Auto eingerichtet. So sind alle glücklich und er kann sich in Ruhe auf die Straße konzentrieren. Zwischen ihren DVDs quatscht mich Alice voll, bis mir beinahe der Kopf platzt. Da hilft nur: Ohrstöpsel rein, Old-School-Hip-Hop an. Spät abends kommen wir in Destin an. Es scheint wie im Märchen: die Touristenstadt glitzert und leuchtet in der Nacht.

Überall gibt es Restaurants, Strandclubs, Wasserparks und Shoppingcenter. Nicht zu vergessen das Meer und die Emerald Coast, die wegen des klaren, grünlichen Wassers so bekannt ist.

Am nächsten Tag geht der Sandburgenmarathon los. Jeremy und Megan, meine Gasteltern, decken uns alle großzügig mit knallbunten Schaufel-Sets aus Plastik ein. Mit weißen, aber sonnengeschützten Gesichtern buddeln Alice, Jason und ich in dem weißen Puderzuckersand um die Wette. Zur Erfrischung springen wir in das glasklare, grüne Wasser. Ein Glück, dass ich von meinem Vater das Sandburgenbau-Talent geerbt habe, sonst hätte ich schon lange die Geduld verloren. Als Jason meine sorgfältig geformten Figuren mit seiner Schaufel niederhaut, startet die Wasserschlacht. Ich fahre das erste Mal Jetski in meinem Leben. Der absolute Wahnsinn! Die Gasteltern mieten mir meinen eigenen Jetski und ich bretterte mit siebzig Kilometern pro Stunde über die Wasseroberfläche, so dass der Wind mir nur so ins Gesicht peitscht. Mit eine der spaßigsten Erfahrungen, die ich jemals in meinem Leben gemacht habe. Leider sieht man am Ende des Tages auch meinem krebsroten Rücken den langen Strandtag an.

Jeremy und Megan sind beide passionierte Facebook-Freaks, und ein wichtiger Teil des ganzen Urlaubsspaßes ist es, viele Fotos für Freunde und Familie hochzuladen, um allen zu zeigen, wie toll wir es hier haben. Das iPhone ist wie ein verlängerter Arm für meine Gasteltern, und selbst beim Essen werden immer schnell die neusten Nachrichten gecheckt. Spaß ist sowieso ein großes Wort in Amerika. Alle fünf Minuten werde ich von den Gasteltern gefragt, ob ich Spaß habe. Eine rhetorische Frage, wo doch kaum jemand ein Nein als Antwort erwartet.

Bei *Fudpucker's*, einem Meeresfrüchte-Restaurant, essen wir zu Abend. Die amerikanischen Portionen sind riesig. Mit einer Portion kann man locker eine ganze Familie sattbekommen. Ich versuche aus Anstand, meinen Teller leer zu essen, komme aber nicht sehr weit. Wenn ich mir das Teller-leer-Essen nicht abgewöhne, werde ich wirklich noch einiges zulegen in den nächsten zehn Monaten. Jeremy meint, ich soll es doch stehen lassen, oder ich könne es auch in einer Box mit nach Hause nehmen. Das ist mir dann aber doch zu blöd. Die Kinder sind schon vorgegangen und schauen sich die Alligatorenbabys im Außengehege an. Ich muss noch vieles lernen über Amerika.

Selten bin ich richtig informiert darüber, was als nächstes auf dem Programm steht. Das liegt nicht daran, dass es mir niemand erzählt, sondern ich verstehe es schlichtweg nicht. So antworte ich prophylaktisch immer mit „yes", „okay" oder „That sounds great", auch wenn ich keinen Schimmer habe, was genau gemeint ist. Umso überraschter bin ich dann später, denn oft verstehe ich erst, wenn wir da sind, wohin es gehen sollte. Auf dem Heimweg nach Texas will Jeremy noch seine Familie besuchen, die in Louisiana lebt. In einem kleinen Ort in Louisiana, wo es wirklich nichts Anderes als eine Tankstelle und ein mexikanisches Restaurant gibt, sind wir mit Jeremys Cousine Macy und den Großeltern zum Mittagessen verabredet. Als ich eine Kakerlake in meinem Tacco-Salat finde, ist mir der Appetit gänzlich vergangen, und ich kann mich ganz auf den Small Talk konzentrieren. Der Sohn von Macy ist etwa in meinem Alter und starrt mich immer mit tiefen Blicken an. Zum Spaß der Erwachsenen versucht er mich in ein Gespräch zu verwickeln, was ihm aber sichtlich schwer fällt. So überschüttet er mich für den Rest des Tages, an dem wir bei den Großeltern auf der Coach hängen, mit Komplimenten via Facebook-Nachricht. Doch kreativ sind seine Anmachsprüche nicht gerade: „Sind alle Mädchen in Europa so wunderschön wie du?" Irgendwie scheinen alle Amerikaner auf den Schweizer Akzent zu stehen, es ist mir schon peinlich, meinen Mund überhaupt aufzutun. Als Austauschschülerin wird man gerne mal auf seinen Akzent und sein Aussehen reduziert. Das macht vor allem meinen Gastvater stolz. Er macht mich auch auf meinen angeblich zu großen Ausschnitt aufmerksam, was mich ein wenig verwirrt. „Ich will nicht, dass du mir alle *highschool boys* verrückt machst", meint er lachend. Okay, denke ich, dann werde ich mir demnächst ein paar Rollkragenpullover besorgen.

Nach einem deftigen, traditionellen Essen mit Kartoffelbrei, Bohnen und frittiertem Hühnchen liegt die ganze Familie flach. Doch mir wird nicht langweilig, dafür wird gesorgt. Zehn Fotoalben später will mir der Großvater unbedingt noch alle seine Sägen und Bohrer im Gartenhaus zeigen. Er scheint einen Narren an mir gefressen zu haben, und zum Glück begleitet mich Megan in den Garten. Sogar die Schraubenpistole muss ich selbst schießen, was laut Megan eine besondere Ehre ist, denn in diesen Genuss sei bis jetzt nicht einmal sie gekommen in ihren zehn Jahren in dieser Familie. Zuerst denke ich, es handle sich um eine richtige Waffe. Doch der Opa erklärt mir eifrig mit seinem breiten Südstaatenakzent, dass er mit diesem Teil ganze Häuser gebaut habe.

Alle Erlebnisse der letzten Tage werden auf Facebook gepostet. Keine Chance, in der Schweiz von der Bildfläche zu verschwinden, wenn meine Gasteltern mein ganzes Leben hier online dokumentieren. Jetzt lädt sogar der Großvater noch ein Bild mit mir hoch. Da ich nicht vierundzwanzig Stunden am Tag fotogen bin, macht mich das nicht so glücklich. Als mich dann auch noch Jeremy auffordert, selbst mehr Fotos von unserem Trip zu posten, wenn ich doch Spaß hätte, geht es mir enorm auf die Nerven. Als ob man sich nicht auch amüsieren könnte, ohne es auf Facebook zur Schau zu stellen.

Erster Schultag

Zurück in Texas versuche ich nicht nur, alle meine Sachen, sondern auch meine Gedanken etwas zu ordnen. So viele neue Eindrücke in den letzten drei Tagen. Doch es gibt mir innerlich Ruhe, meine Sachen auszuräumen, soweit das möglich ist mit

Alice, die auf meinem Bett herumturnt. Gerade als ich mit meinen Eltern fertig geskypt habe, um zu sagen, dass alles in bester Ordnung ist und ich sie aber trotzdem sehr vermisse, schreibt mich Lina an. Die deutsche Austauschschülerin ist gerade erst bei ihrer Familie in Keller angekommen und wir werden zusammen auf die gleiche Schule gehen.

Ich bin so erleichtert, als ich Lina noch am gleichen Abend bei einem Orientierungstreffen mit unserem Koordinator das erste Mal treffe. Die Regeln, auch die "Vier Ds" genannt, sind schnell erörtert: *No drinking, no driving, no dating and no drugs.* – Keinen Alkohol trinken, kein Auto fahren, kein Techtelmechtel und keine Drogen.

Das hübsche deutsche Großstadt-Girl ist noch nicht lange in Amerika, das kann man seinem Kleidungsstil deutlich entnehmen. Endlich habe ich jemanden, mit dem ich über die vielen neuen Eindrücke hier in Amerika reden kann. Unser gleiches Schicksal verbindet uns und wir werden wohl ziemlich gute Freundinnen werden. Sie lädt mich auch gleich ein, mit ihr und den Nachbarskindern in den Erlebnispark zu gehen. Als ich meinen Gastvater frage, ob das okay für ihn sei, scheint er fast etwas eifersüchtig zu sein, und meint, ich solle meine Gastfamilie jetzt aber nicht vergessen, auch wenn ich nun eine neue deutsche Freundin hätte. Dass wir die gleiche Sprache sprechen, von der er kein Wort versteht, passt ihm nicht besonders.

Mein erster Schultag an einer amerikanischen Highschool rückt immer näher. Mit Jeremy war ich heute beim Schulsekretariat, um mich für meinen Unterricht anzumelden. Das Büro ist vollgeklebt mit Sprüchen wie „Happiness is not only a feeling, it's an attitude". Doch der Schulrektor ist sehr nett, was vielleicht auch an dem riesigen Paket Schokolade liegt, das ich als Bestechung mitgebracht habe. Schulisch scheint das Jahr keine Herausforderung zu werden. Kurse wie *Tanzen* oder *Schulband* habe ich zu Hause noch nie auf meinem Stundenplan gehabt. Das

Schulsystem ist ganz anders als zu Hause. Nach sechs Jahren Primarschule geht es vier Jahre zur Highschool. Die verschiedenen Stufen, *freshman*, *sophomore*, *junior* und *senior* genannt, sind, je nach Schwierigkeit der Kurse, bunt gemischt. Auch eine große Umgewöhnung ist es, dass man nicht eine Klasse hat, mit der man gemeinsam von Stunde zu Stunde geht. In jedem Fach geht man in eine andere Klasse, was auch das Freunde finden etwas erschwert. So werde ich also die nächsten zehn Monate an jedem Schultag den gleichen Ablauf haben, denn jeden Schultag steht die gleiche zeitliche Abfolge der sieben ausgewählten Kurse an.

Die Schule ist riesengroß und bietet genug Platz für alle zweitausendsiebenhundert Schüler. Alleine um das Flachdachgebäude zu durchqueren, muss man geschätzte sieben Minuten Laufzeit einrechnen. Auf dem Parkplatz übt die *marching band*, die Schulband, die immer an *football games* auftritt und die Schule repräsentiert und anfeuert. Es scheint nicht einfach zu sein, auswendig das Stück zu spielen und sich gleichzeitig zu bewegen und in Formationen zu ordnen.

Nachdem ich ein genaues Merkblatt über den Dresscode in der Schule erhalten habe, komme ich nicht darum herum, noch einmal shoppen zu gehen. Weder Leggins noch Hosen oder Röcke kürzer als die Fingerspitzen bei gestreckten Armen sind erlaubt. Schultern müssen bedeckt sein und T-Shirts dürfen keine politischen oder vulgären Aufdrucke haben und auch Mützen oder Caps sind aus Sicherheitsgründen verboten. Es sei schon vorgekommen, dass Schüler versuchten, Waffen unter ihren Caps in die Schule zu schmuggeln. Shoppen mit der ganzen Gastfamilie ist ehrlich gesagt kein großer Spaß. Jason hat keinerlei Geduld und drängt darauf, in den Lego-Laden zu gehen. Ich bin eine komplizierte Einkäuferin und treibe damit meine Gasteltern zur Verzweiflung. Keine Hosen wollen mir passen und so ende ich bei der zweiten *mall* doch beim altbekannten *H&M*. An unterschiedlichen *malls* fehlt es im Metropolenkomplex Dallas/Fort

Worth nicht, die sprießen hier wie Pilze aus dem Boden.

An meinem ersten Schultag werde ich von Jeremy vor der Schule abgesetzt. Ich staune darüber, was für eine Schülermasse die Highschool schlucken kann. Los geht's!, denke ich mir und setze mein kontaktfreudigstes Lächeln auf. Es scheint ein anstrengender Tag zu werden, auch wenn meine erste Stunde, Schulband, so gar nicht den Anschein macht, überhaupt stattzufinden. Denn als ich dort zur Tür hereinkomme, schminken und frisieren sich die Mädchen, und die Jungs hängen mit ihren Softdrinks herum. So verbringe ich meine erste Lektion mit Nichtstun. Ich hatte ja gehofft, hier in der Schulband regelmäßig Schlagzeug spielen zu können, um ein wenig am Ball zu bleiben, wo ich doch seit acht Jahren schon Unterricht nehme. Ich glätte meine Haare und kriege einen Donut geschenkt, statt auch nur ein bisschen Schlagzeug zu spielen. Von einem Lehrer fehlt jede Spur. Richtig anfangen mit den Proben werden wir wahrscheinlich nicht vor Anfang des nächsten Monats, meint ein dünnes, rothaariges Mädchen.

In der Tanzklasse ertönt plötzlich eine Durchsage vom Rektor und plötzlich dreht sich die ganze Klasse zur US-Flagge, die in jedem Schulzimmer hängt. Einstimmig fangen sie an, die Nationalhymne zu singen und den *pledge of allegiance*, also den Treueschwur der USA, aufzusagen. Um nicht dumm aufzufallen, versuche ich meinen Mund unauffällig mitzubewegen. Auch beim Tanzen scheint es sich um eine Klasse für totale Anfänger zu handeln. Da werde ich meine Fähigkeiten im Ballett und Hip-Hop wahrscheinlich nicht, wie geplant, weiterentwickeln können. Aber was soll's, man kann sein Austauschjahr nicht planen – denn alles kommt sowieso immer anders.

Es ist eine so große Schule, ein bunt gemischter Haufen. Ich mache mir einen Spaß daraus, alle Leute einem typischen Klischee zuzuordnen. Man findet die *nerds* mit ihren aufgesetzten Hornbrillen und ihrer Nase in den Büchern, die Sportler mit

Sportkleidung, als kämen sie direkt aus dem Fitnessraum. Auch die Gepiercten stehen in ihrem Grüppchen zusammen, die *loser*, die *punks* und die Streber, eine davon mit einem gekünstelten britischen Akzent. Alle sind sie vertreten und haben schon Freunde innerhalb ihrer Spezies gefunden. Ich kann mich noch mit keiner dieser Gruppen identifizieren. Auf den Fluren, *hallways* genannt, habe ich Schwierigkeiten, meinen Weg rechtzeitig zum nächsten Kurs zu finden. Alle *hallways* sind verstopft mit schwatzenden und eilenden Schülern. Trotzdem ist es nicht so einfach, Leute kennenzulernen, denn bei so vielen Schülern ist das Klima anonym. Man wird von niemandem angesprochen, der nicht unbedingt Freundschaften knüpfen möchte. Viele wissen gar nicht, was Austauschschüler sind, geschweige denn, dass solche an ihrer Schule sind. So stoße ich in der Mensa auf Lina, die schon krampfhaft und erfolglos nach einem freien Plätzchen an den vielen Esstischen sucht. Am Ende bleibt uns nichts Anderes übrig, als uns an den Lehrertisch zu setzen. Wie peinlich! Über diesen schlechten Start sollten wir später noch öfters lachen.

Etwas desillusioniert gehen wir zu unseren Nachmittagskursen. Irgendwie sieht der Highschool-Alltag in Filmen immer nach so viel mehr Spaß aus. Tatsache ist, dass ich das Gefühl habe, in der ignoranten Schülerschaft unterzugehen. Die Lehrer sind alle tiefenentspannt. Sie wissen, dass ihr Fach nie den Interessensrang Nummer eins haben wird, und geben sich darum mit einer minimalen Menge an Aufmerksamkeit zufrieden. Dafür erzählen sie alle gerne von ihren Erlebnissen bei der Army, denn viele waren früher beim Militär. Auffällig ist auch, wie durstig die Lehrerschaft zu sein scheint. Sei es das Fiji-Wasser meines Mathelehrers, der große Kaffeepott von Coach Becker oder die XXL-Cola von Mrs. Henks – Unterrichten scheint durstig zu machen.

Am Ende des Schultages holt mich Megan mit dem Auto ab, wie tausend andere Mütter auch. Das Verkehrschaos vor der Schule ist gigantisch, denn kaum jemand läuft nach Hause. Alice erzählt glücklich von ihrem ersten Tag, und ich wünschte mir, das Einleben an der Highschool wäre so einfach wie im Kindergarten. Momentan fühle ich mich nur müde und enttäuscht von meinem ersten Schultag. Doch, wie auch meine Gasteltern sagen: es braucht eben Zeit und Geduld, sich einzuleben. Morgen sieht die Welt schon anders aus.

Football games

Die Schultage vergehen, als Frühstück esse ich des Öfteren Donuts in der ersten Stunde. Inzwischen habe ich auch schon die dritte Austauschschülerin an unserer Schule, Maria aus Spanien, kennengelernt. Auf Anhieb verstehen wir uns gut. Ich glaube, zwischen Austauschschülern gibt es eine gewisse Verbundenheit. In der Mittagsstunde habe ich inzwischen einen Tisch gefunden mit einer Gruppe von netten Mädchen, mit denen wir jeden Mittag zusammensitzen und uns über das fade, wenig abwechslungsreiche Schulessen beschweren. Als Vegetarierin werde ich hier nicht satt und muss darum Picknick von zu Hause mitnehmen und den ganzen Tag mit mir herumschleppen. Doch nach dem Motto „What doesn't kill you, is a good life experience" überlebe ich die Schultage. Wer geht schon gerne zur Schule – das ist also ganz normal.
Hatte ich noch an meinem ersten Schultag darüber geklagt, dass keiner aktiv auf mich zukäme, kann ich mich jetzt gar nicht mehr retten vor billigen Anmachen auf dem Schulflur oder anonymen Textnachrichten auf meinem Handy. Lina erzählt mir, dass es ihr genauso geht.

Heute ist Freitag und die Wochenendstimmung liegt deutlich in der Luft. Jede Woche findet ein American-Football-Game statt und darum ist jede Schulstunde um zehn Minuten kürzer. In der letzten Stunde trifft sich die ganze Schülerschaft und alle Lehrer in der Turnhalle zu der sogenannten *pep ralley*. Die *marching band* spielt ihre Märsche und die Footballer marschieren unter tosendem Beifall ein. Cheerleaders hüpfen herum und animieren die Menge. Das kommt der Vorstellung einer typischen Highschool, wie man sie aus Filmen kennt, etwas näher. Auch Lina stupft mich mit dem Ellbogen aufgeregt und schießt eifrig Bilder. Dann wird es plötzlich ganz ruhig in der Halle und der Schulchor singt die Nationalhymne, während der ROTC, ein Club der Schule, verantwortlich für die amerikanische Flagge, sorgfältig die Fahne auspackt und hisst. Die Mitglieder dieses Clubs tragen in der Schule immer ihre Uniform. Am Ende wird laute Musik gespielt und sogar die Lehrer haben einen kleinen *flashmob* geplant.

Wenn ich mich mit Leuten aus meinen Kursen ein wenig über Politik oder die Klimaerwärmung unterhalte, wundere ich mich über die engstirnigen Sichtweisen. Politisch ist nicht nur ein großer Teil der älteren Generation deutlich rechts einzuordnen, sondern auch die jungen Leute in meinem Alter. „Hier sind wir in Amerika. Hier bist du sicher", geben die Jungs an und legen scherzhaft den Arm um mich. Auf Diskussionen wie diese lasse ich mich gar nicht mehr ein, denn sobald ich mit einem Gegenargument komme, heißt es sogleich: „Nur weil du aus Europa kommst, musst du nicht denken, du weißt alles besser." Okay, soviel zum Interesse an einer gleichberechtigten Diskussion. Doch ich habe meine Lektion gelernt. Gesprächen über Politik oder Religion gehe ich von nun an lieber aus dem Weg.

Am Abend verlieren wir das *football game* trotzdem. Die Schulspiele finden in einem riesigen Stadion statt, das halb gefüllt ist mit Schülern, die zur Unterstützung zuschauen kommen. Das liegt auch daran, dass an einem Freitagabend in Keller, Texas, nicht viel los ist. Bei Clubs und Bars ist der Eintritt erst ab einundzwanzig Jahren erlaubt. Einfach so an einem See abzuhängen oder sich in einem Park zu treffen, wie bei uns zu Hause, ist auch unvorstellbar. Einerseits ist die Angst der Behörden viel zu groß – andererseits gibt es solche Orte erst gar nicht. Es macht aber auch wirklich Spaß, für die eigene Schulmannschaft zu jubeln, auch wenn ich von den Regeln nur Bahnhof verstehe. Noch mehr Emotionen kommen ins Spiel, als plötzlich zwei Jungs auf der Tribüne zu kämpfen anfangen und wie junge Stiere aufeinander losgehen. Um die Streithähne herum bildet sich eine große Zuschauermenge, die begeistert anfeuert. „Die Kämpfe sind immer spannend, komm lass uns auch zuschauen gehen", meint eine Freundin zu mir. Trotz meiner Offenheit für alle Kulturunterschiede finde ich das dann doch ein wenig zu speziell und weigere mich mitzugehen. Nach dem Spiel ist es Tradition, dass man in großem Stil *pancakes* essen geht bei *IHOP*, einem großen Café, das rund um die Uhr Frühstück serviert. Mit vollen Backen diskutiert die ganze Runde das vergangene Spiel sowie den neuesten Schultratsch. Ich bin mitten drin, obwohl ich von all dem keine Ahnung habe. So weit weg von zu Hause werden wir selbst zu heftigsten Patrioten. Deutsches Marzipan und Schweizer Schokolade sind das Beste, wie Lina und ich herumerzählen, als hätten wir die Rezepte selbst erfunden. Und dann ist die Zeit auch fast schon vorbei. Amerikanische Eltern sind strikt, so auch meine Gasteltern. Bei Verspätung bekommt man knallhart Hausarrest. Doch ich schaffe es pünktlich nach Hause.

Vergeblich versuche ich, heute auszuschlafen. Ich werde morgens um acht schon vom lauten Geräusch des Staubsaugers geweckt. Megans Putzfimmel geht mir langsam auf die Nerven. Nachdem ich trotz schlechter Laune nett mithelfe und putze, bin ich froh, als mich Allie, eine Freundin, zum Lunch abholt. Sie fährt einen coolen, alten Schlitten und so ist das Transportproblem auch gelöst. Zum Glück esse ich gerne auswärts, denn das ist hier die beliebteste Freizeitbeschäftigung mit Freunden. Man geht zusammen in ein Fast-Food-Lokal, Restaurant oder auch nur ein Eis essen. Hauptsache die Kaumuskeln werden trainiert.

Ein paar Mal tue ich Lina den Gefallen und gehe mit ihr zu

einem *double date*, aber irgendwie bin ich nie so begeistert von den Freunden, die für mich gedacht sind. So lasse ich es, denn es ist den Aufwand mit den dummen Fragen meines Gastvaters nicht wert. Er horcht mich immer aus, als sei es ein Verbrechen, wenn Lina und ich mit zwei Jungs einen Kaffee trinken gehen. Nicht einmal mein echter Vater würde sich so etwas erlauben, aber hier in Amerika existiert ein Privatleben für Jugendliche nicht.

An normalen Wochenenden gehe ich mit der Gastmutter Lebensmittel einkaufen oder wir machen Ausflüge. Ich bin einfach froh, aus dem Haus zu kommen und Amerika erleben zu können. Ganz begeistert bin ich von dem Bauernmarkt, den Megan und ich in einem Nebenort gefunden haben. Frisches Obst und Gemüse, das weder chemisch noch gentechnisch verändert aussieht. Vor einem halben Jahr hätte ich kaum gedacht, dass ich mich so über Grünzeug freuen könnte. Am Sonntag versuche ich, einen Zopf, ein typisch Schweizer Sonntagsbrot, zu backen. Ich mache alles wie zu Hause, doch die Hefe will einfach nicht aufgehen. Und so bleibt auch mein Brot hart wie Stein. Was bin ich doch für eine erbärmliche Vertretung der Schweizer Kultur hier in Amerika. Meine arme Gastfamilie isst das Brot trotzdem freundlich und meint, es sei doch ganz lecker geworden.

Am nächsten Tag ist mir wieder einmal langweilig nach der Schule. Alice habe ich schon versorgt mit ihren tausend verschiedenen Snacks, die sie möchte. Selbst habe ich mir auch angewöhnt, mit Alice in der Küche rumzuhängen und mich quer durch den Küchenschrank zu probieren von Crackers bis zu Apfelschnitzen. Einmal habe ich eine gute Idee und verarbeite ein Kilo Pfirsiche vom Bauernmarkt zu Marmelade. Langeweile macht erfinderisch, und was will ich schon groß unternehmen nach der Schule. Wenn man kein eigenes Auto besitzt, ist man zu Hause gefangen, es sei denn, man hat Freunde mit einem Auto. Die aber arbeiten alle nach der Schule und haben keine Zeit, einfach nur abzuhängen.

Solche leeren Momente sind ganz neu für mich. Zu Hause bei meinen Eltern ist immer etwas los und ich bin kaum einen ganzen Tag in unserem Haus. Automatisch denke ich an die Schweiz und meine Familie und werde dabei immer trauriger. Heimweh – das Gefühl kann man nicht beschreiben, man muss es einfach erlebt haben. Man vermisst die Geborgenheit und möchte am liebsten nach Hause in Mamas Arme flüchten. Ich richte mich auf, ein tiefer Atemzug, und mein Kampfgeist meldet sich zurück. Um mich abzulenken, binde ich meine Laufschuhe zu und gehe eine Runde laufen. Regelmäßig mit meiner Familie zu skypen hilft mir auch immer. Es ist einfach ein tolles Gefühl, die bekannten Gesichter durch den Bildschirm zu sehen. Manchmal muss ich dafür schon vor der Schule früh morgens aufstehen, denn die Zeitverschiebung spielt eine große Rolle. Mitteleuropa ist uns um ganze sieben Stunden voraus.

Herbst

Meine erste Krise scheint gerade überwunden zu sein, als mich Megan zu einem Gespräch in ihr Büro ruft. Das heißt nie etwas Gutes. Als ob ich nicht schon genug Schwierigkeiten hätte, mich einzuleben, kommt sie nun auch noch mit dem Vorwurf, ich verbrächte nicht genug Zeit mit der Familie und zu viel Zeit mit meinen Freunden. Da verstehe ich die Welt nicht mehr und habe einfach die Nase voll von all den sensiblen Amerikanern. Welche Freunde denn bitte? Als hätte ich so viele Freunde, dass ich die ganze Zeit weg sein könnte! Und das, wo ich doch sowieso schon die meiste Zeit zu Hause verbringe – zumindest empfinde ich das so. Erwarten sie wirklich von mir, dass ich meine ganze amerikanische Erfahrung auf das Käsekuchenbacken mit Megan beschränke?

Auch Lina geht es nicht so gut, und sie sieht nicht mehr nur

Vorteile am Leben in Texas. Es ist hart, vor allem jetzt, wo wir noch nicht so lange hier sind und sich auch unser Freundeskreis in Grenzen hält. Wenn sie das Leben hier mit ihrem alten Leben in der Großstadt vergleicht, ist einfach tote Hose hier. Ich gebe mir alle Mühe, sie aufzubauen, und komme mir dabei vor, wie ein ausgebildeter Motivator. Dabei läuft es bei mir ja auch nicht so super. Mit meinen Freizeitbeschäftigungen mag es so gar nicht klappen. Die Leiterin vom Tanzteam möchte mich nicht aufnehmen, da ich die Aufnahmeprüfungen im Frühling verpasst habe, und auch in der Schulband machen wir noch immer nicht viel mehr als Donuts essen. Doch ich nehme mein Glück selbst in die Hand und besuche einmal mehr meinen *counselor*, in dem Fall eine Dame, die alle Kurse und Stundenpläne einteilt. Sie kennt mich schon, denn kaum jemand wechselt so oft seine Kurse wie ich. Aber den Glauben an die Schulband habe ich eindeutig verloren und so beschließe ich, Klavierspielen zu lernen, was sich als die richtige Entscheidung herausstellt. Der Pianolehrer ist ein lustiger Freak, der mit seinen Witzen die Klasse bei Laune hält.

Das Niveau ist eindeutig unter dem meiner schweizerischen Schule. Ohne irgendwelche Hausaufgaben zu erledigen bin ich schnell Klassenbeste im Fach Englisch. Aber man muss auch sagen, dass man sich sein Level selbst aussuchen kann. So habe ich mich nach langem Hin und Her dazu durchgerungen, Mathematik auf Collegeniveau zu belegen, um wenigstens nicht ganz zu verdummen. Mein Tanzentzug lässt sich auch lösen, in dem ich Tanzstunden neben der Schule besuche. Auf der Suche nach einer guten Tanzschule habe ich meine Gastmutter fast zur Verzweiflung gebracht. Doch Cheerleading ist einfach nicht mein Ding.

Hier sehe ich erst, wie sehr man sich an den kleinen Dingen des Lebens freuen kann. Das Lustige ist, dass immer, wenn man es am wenigsten erwartet, sich alles zum Guten wendet. Während ich desillusioniert im Schulsekretariat sitze, komme ich mit einem

Mädchen mit lockiger Rastafrisur und einem sympathischen Lachen ins Gespräch. Als ich ihr erzähle, dass ich Austauschschülerin sei und mich noch etwas einzugewöhnen versuche, stellt sie sich als Olivia vor und fragt nach meiner Handynummer. Der Beginn einer neuen Freundschaft. Dieses Erlebnis erhellt mir den ganzen Tag! Spontan frage ich sie, ob sie mit mir zur Texas State Fair am Wochenende gehen möchte, einem großen Jahrmarkt in Dallas.

In der Schule schiebe ich eine ruhige Kugel und nutze den Ausländerbonus ungeniert aus. Lina und ich lachen immer darüber, wie sehr einem von den Lehrern geholfen wird. So löst mein Geschichtslehrer meinen halben Test, da ich Arme ja kein Wort im Unterricht verstehe. Oder ich darf in Physik mein Handy benutzen bei der Prüfung. Die mexikanischen Frauen von der Schulkantine sind immer ganz nett, auch wenn sie mir jedes Mal die volle Ladung Fleisch auf den Teller knallen wollen, bevor ich sie total aus dem Konzept bringe und frage, ob ich bitte nur die Soße haben könnte. Als Vegetarierin verkleinert sich das Risiko, fett zu werden, nicht unbedingt. So habe ich, wenn ich mit Freunden unterwegs bin, oft nur die Wahl zwischen Salat oder einer Zimtschnecke, die aber sündhaft gut sind.

Amerikaner sind verrückt nach allem Fremden oder, noch besser, Europäischen. Ich persönlich schäme mich für meinen Schweizer Akzent, aber bei den Jungs scheint er gut anzukommen. Leider rutsche ich so auch öfters mal in eine komische Situation. So will Nathan, ein Junge aus meiner Physikklasse, immer Deutsch mit mir sprechen. Ich bin so froh, dass niemand seine schmalzigen Sätze verstehen kann, sonst wäre ich schon lange im Erdboden versunken. Heute kniet er vor mir nieder, zur Belustigung der ganzen Klasse, um den Kaugummi von meiner Schuhsohle zu entfernen. Das geht mir entschieden zu weit.

Generell gehen in Amerika Komplimente viel leichter über die Lippen. So höre ich täglich: „Oh, I love your accent!“ Trägt man ein neues Shirt zur Schule, wird es sicher kommentiert. Ein „I love your dress" hier, ein „You look cute today" da. Das kann als Oberflächlichkeit angesehen werden oder aber als pure Freundlichkeit. Und mal ehrlich, wer bekommt nicht gerne positives Feedback? Darum wünschte ich mir, in der Schweiz wären die Leute auch etwas offener und großzügiger mit Komplimenten oder Aufmerksamkeiten. Denn so eine kleine Geste kann dem Tag eine völlig neue Wendung geben. Unser Englischlehrer erzählt immer gerne, wie eine kleine Freundlichkeit eine Kettenreaktion auslösen und die Welt wenigstens ein kleines bisschen besser machen kann. Die Möglichkeit, das in Bewegung zu bringen, hat jeder von uns. Und ich muss sagen, es stimmt. Wenn man Gutes tut, dann kommt Gutes zurück: Megan und ich bestellten uns einmal einen Kaffee bei *Starbucks* und der alte Herr vor uns in der Reihe übernahm wortlos unsere Rechnung. Wir konnten es kaum fassen und haben vor Freude gleich die Bestellung der Person hinter uns bezahlt. Denn es kann funktionieren, da muss ich Mr. Man, unserem Englischlehrer, Recht geben.

Es mag vielleicht witzig klingen, aber der beinahe tägliche E-Mail-Kontakt mit meiner Oma und das Schreiben meines Blogs auf SPIEGEL ONLINE hat mir den nötigen Abstand zu meinem Leben hier gegeben, um es auch rational zu beurteilen. Lang habe ich das Austauschjahr als etwas Soziales angesehen. Doch Maria, meine Freundin aus Spanien, und ich sind zu dem Schluss gekommen, dass die Erwartungen nicht zu hoch gesetzt werden dürfen. Denn für den größten Teil deines Austauschjahres wirst du weder einen *boyfriend* noch eine super Clique haben. Das kommt erst spät, und dann geht es ja eh bald schon wieder nach Hause. Die richtige Einstellung ist der Weg zum Erfolg. So haben wir für uns beschlossen, dass wir uns mehr auf den Kulturunterschied und die neuen Erfahrungen konzentrieren. Das mit den Freunden entwickelt sich von selbst und wenn man auch nur eine tolle Zeit mit einem Haufen flüchtiger Bekannten hat, dann ist das auch okay. Ich habe am Anfang auch nie gedacht, dass ich beim Abschied von Texas weinen würde, beim Abschied von all meinen guten amerikanischen Freunden.

State Fair

Mein Gastvater war bei der Navy, das ist die Kriegsmarine der USA. Daneben gibt es auch noch die Army, also die Armee, und die Air Force, was so viel bedeutet wie die Luftwaffe. Ich habe schnell gemerkt, dass das Militär einen ganz anderen Stellenwert in den USA hat, als ich das von Europa kenne. Die Bevölkerung identifiziert sich damit und in vielen Familien ist es Ehrensache, dass die Söhne die Familientradition weiterführen und dem Vaterland dienen. Meine amerikanischen Mitschüler sind stolz auf ihr Land und singen mit Herzblut jeden Morgen die Nationalhymne. An unserer Schule gibt es immer mal wieder Infostände, um junge Soldaten anzuwerben. Die Propaganda ist groß, romantische Liebesfilme wie *Dear John* beschönigen das Soldatenleben und sorgen für ein gutes Image der Armee. Als ein Freund aus meiner Klasse mir eines Tages erzählt, dass er sich zur Army angemeldet hat, versuche ich erfolglos, es ihm auszureden. Ob er denn keine Angst habe, dass er einmal einen Menschen umbringen müsse, frage ich ihn. Aber er meint nur, das sei dann eben Teil des Jobs. Die Einsatzgebiete kann man sich sowieso nicht aussuchen. Wenn die Einheit ins Krisengebiet in den Nahen Osten geschickt wird, dann ist die Entscheidung schon gefallen. Meine Freundin Macy hat mir kurz darauf noch so einen Schrecken eingejagt. So hatte sie auch plötzlich die fixe Idee, es ihrem Onkel gleichzutun und zum Militär zu gehen.
Man darf aber nicht vergessen, dass das für viele, wie eben auch für Macy, eine finanzielle Frage ist. Nach einem Militärdienst wird die Ausbildung vom Staat übernommen.

Obwohl ich das Gegenteil eines Militärfans bin, und mir beim

Anblick von Waffen schon beinahe schlecht wird, habe ich meine Gastfamilie zu einer Air-Force-Militärshow auf einem benachbarten Stützpunkt begleitet. Jason ist ganz fasziniert von den lauten Kampfjets, die wilde Loopings über der Menge drehen. Das Geheul der Getriebe hört sich an, als wären wir im Krieg. Ich versuche, so gut es geht, die Begeisterung der Texaner zu teilen. An den verschiedenen Informationsständen stehen viele gut aussehende Soldaten, mit denen mich meine Gastmutter begeistert ablichtet. Sie scheint eine Schwäche für Männer in Uniform zu haben.

Als Pazifistin kann ich die Begeisterung für Waffen beim besten Willen nicht teilen. Aber da lasse ich mich gar nicht erst auf große Diskussionen ein. Genau das Gleiche gilt beim Thema Klimaerwärmung. Das wird, genau wie die Umweltverschmutzung, als Märchen abgetan. So werfen Amerikaner Glasflaschen in den gleichen Müllsack wie Dosen und wässern ihren Rasen trotz Dürre zweimal täglich ausgiebig. Doch wenn man mit der Vision nach Amerika kommt, das ganze Land und die ganze Bevölkerung ändern zu können, dann ist das eindeutig der falsche Ansatz für einen Austauschschüler. So habe auch ich meinen Idealismus hier ein Stück weit aufgegeben.

Obwohl ich Olivia noch nicht lange kenne, hat sie spontan zugesagt, mit mir zur Texas State Fair zu gehen. Dort gibt es einige Achterbahnen. Der Jahrmarkt ist berühmt für all die frittierten Spezialitäten, die da angeboten werden. So fahre ich mit John und ihr das erste Mal mit dem Zug nach Dallas. Zugfahren ist etwas Besonderes hier, trotzdem sind die Fahrschein-Preise erschwinglicher als zu Hause. Für Olivia ist es das erste Mal überhaupt, dass sie mit einem Zug fährt. Verrückt, wenn man bedenkt, dass es bei uns in der Schweiz das Haupttransportmittel ist. In Dallas angekommen, machen wir eine ausgiebige Sightseeingtour. Doch die Stadt scheint an einem normalen Arbeitstag wie ausgestorben zu sein. Zu dritt stiefeln wir durch die Straßen und laufen die hundert Treppenstufen zu einem Bürogebäude hinauf. Oben angekommen muss ich meinen Schweizer Akzent zum Einsatz bringen, damit wir die gute Aussicht vom Dachgeschoss aus genießen können. Der junge Assistent nimmt mir die Nummer des ausländischen Austauschschülers ab und lässt uns ohne weitere Fragen passieren. Doch lange bleibt unser kleines Fotoshooting, das wir vor dem Panoramafenster veranstalten, nicht unbemerkt. Schon bald kommt ein Mann vom Security-Personal und begleitet uns genervt nach draußen. Wenigstens haben wir jetzt tolle Erinnerungsbilder.

Um zum Rummelplatz zu kommen, müssen wir nur dem Duft von Zuckerwatte und frittiertem Öl folgen. Verfehlen kann man das vollgestopfte Festgelände sowieso nicht. Massen von Menschen strömen durch das vergitterte Eingangstor. Eine Band sorgt mit einem traditionellen Marsch für die richtige Musik. Alle meine Jahrmarktserinnerungen aus der Kindheit kommen zurück, und der Zauber scheint noch immer anzuhalten. Olivia und John scheint es genauso zu gehen. Denn ziemlich schnell steuern sie auch schon den ersten Essstand an. Es gibt alles, was in die Fritteuse passt. Das Angebot an frittierten Köstlichkeiten ist unendlich. Von frittierten Kaktusstücken, über frittierte Cheeseburger bis zu frittierter Eiscreme (ja, das gibt es!) – alles was das Herz begehrt. John beschließt, zuerst etwas nicht zu Ausgefallenes zu kosten und versucht sich an den frittierten Schokoladenkeksen. Die schmecken ausgesprochen gut. Auch der frittierte Käsekuchen von Olivia ist nicht zu verachten. Ich kann jetzt auch einsehen, dass viele Leute nur zur State Fair kommen, um zu essen.

Aber da wir das volle Programm ausnutzen wollen, dürfen auch die Achterbahnfahrten nicht fehlen. Olivia und ich kreischen um die Wette, als wir bei den vielen Loopings kaum mehr wissen, wo oben und unten ist. Ich finde, das Konzept der State Fair geht nicht auf: Das viele frittierte Essen und dazu noch diese

Bahnen – eindeutig nicht die beste Kombination.

Das Foto mit dem *Big Tex*, einem riesigen, aufblasbaren Cowboy, dem Wahrzeichen des Jahrmarktes, gehört mit zur Tradition. Ich bin froh, dass ich John noch einmal zum Posieren überreden kann, denn ein paar Wochen später brennt der arme *Big Tex* ab, wie ich später in den Zeitungen lese.

Auf dem Rückweg zur Bahnstation suchen wir nach einem passenden Restaurant. Das ist nicht einfach, vor allem bei meinen Ansprüchen als Vegetarierin. Wir laufen an der befahrenen Hauptstraße entlang, aber können außer schicken Geschäftshäusern mit modernen Skulpturen und Brunnen in den Innenhöfen, nichts finden. Bei den vielen eleganten Businessleuten, die uns entgegenkommen, fühlen wir uns ein wenig underdressed. Auf Olivias Navigations-App sehen wir, dass wir in der letzten Stunde im Kunst- und Bankendistrikt von Dallas herumgeirrt sind. Kein Wunder haben wir da nichts zu Essen gefunden. Doch so haben wir uns wenigstens die Füße ein wenig vertreten, was nach dem vielen frittierten Essen unserer Verdauung zugute kommt.

Das Wahrzeichen von Dallas ist eine riesige silberne Kugel auf einem hohen Gebäude. In der Kugel befindet sich ein teures Restaurant mit genialem Blick über die Stadt. Wenn ich meinen Schweizer Freunden von Dallas erzähle, kennen viele nur die *Mavericks*, das berühmte Basketballteam von Dallas. Die ältere Generation erinnert sich noch an die Fernsehserie *Dallas*. Aber die Stadt spielt auch in der amerikanischen Geschichte eine wichtige Rolle, wenn auch eine nicht allzu positive. John F. Kennedy wurde hier am 22. November 1963 erschossen. Ich mag das Großstädtische an Dallas, obwohl auch hier, in Bezug auf das Nachtleben, nicht sehr viel los ist. Die meisten jungen Leute gehen nach Fort Worth in die Nachtclubs. Die Skyline von Dallas, wie auch die von Fort Worth kann man von meinem Quartier aus am Horizont erblicken, da die Einfamilienhaus-Siedlungen der Vororte, *suburbs* genannt, flach sind und freie Sicht auf den Horizont bieten. Dallas und Fort Worth sind durch die *suburbs* fast zu einer Stadt zusammengewachsen. Das Agglomerationsgebiet ist riesig. Woran sich ein Mensch alles gewöhnen kann, und das in kurzer Zeit. Hätte mir vor zwei Jahren jemand gesagt, dass ich einen Ort namens Keller in Texas einmal meine zweite Heimat nennen würde, dem hätte ich den Vogel gezeigt.

Die Natur und Landschaft habe ich sehr ins Herz geschlossen, wenn von Natur überhaupt die Rede sein kann. Texas hat die schönsten Sonnenuntergänge. Jeden Abend kann man ein kunterbuntes Farbspektakel am Himmel über dem weitläufigen Häusermeer bestaunen. Dächer soweit das Auge reicht – an diesen Blick werde ich mich nie gewöhnen. So komme ich mir noch immer etwas verloren vor im schachbrettartig angeordneten Agglomerationsgürtel von Dallas/Fort Worth. Zu sehr vermisse ich den heimischen See und die Berge.

Apropos Natur: Die Temperaturen spielen hier im Winter völlig verrückt. So hat man am einen Tag Temperaturen um die fünfundzwanzig Grad und am nächsten gerade mal um die Gefriergrenze. Im Sommer ist es einfacher, da ist jeden Tag Sauna angesagt. Die Sonne scheint beinahe jeden Tag und sorgt für gute Laune. Da kann man sich morgens den Blick aus dem Fenster sparen.

Homecoming

Ausschlafen an einem Sonntagmorgen ist ein Ding der Unmöglichkeit in meiner Gastfamilie. So werde ich auch heute geweckt, als Alice morgens um sieben Uhr mit zerzaustem Haar in mein Zimmer gestolpert kommt und fragt, ob ich Lego spielen möchte. Nein, das möchte ich nicht. Doch einmal wach, kann ich sowieso nicht mehr einschlafen. Darum stehe ich auf und mache das traditionelle große Frühstück. Dazu gehören Bratkartoffeln, *pancakes*, Rührei und natürlich noch kleine Würstchen. Nach und nach steht auch der Rest der Familie auf und setzt sich an den Küchentisch. Kaum ist das Essen auf dem Tisch, ist es auch schon wieder weg. Ich, als ausgesprochen langsame Esserin, habe noch nicht einmal die Hälfte meiner Portion verdrückt, als alle schon fast wieder abräumen wollen.

Die Faulenzerei erreicht gerade ihren Höhepunkt, als Megan mich mit zum *nail studio* nimmt. Das muss man auch einmal erlebt haben. Wenn man zur Tür hereinkommt, schlägt einem schon der penetrante Geruch von Nagellackentferner entgegen. Meine Mama wäre schon lange in Ohnmacht gefallen, wo sie doch immer schon motzt, wenn ich mir die Finger in meinem Zimmer lackiere. Der ganze Laden, von der Fußpflegehilfe bis zum Chef, wird von Asiaten geschmissen. Ich bleibe zuerst dabei, sage, dass ich keine Maniküre brauche, wo ich mir doch selbst die Finger lackieren kann, doch meine Gastmutter meint, das sei eine Familientradition. Selbst Alice sitzt schon wie eine Prinzessin auf ihrem Stuhl und lässt sich die Fußnägel in einem heißen Pink anmalen. Okay, denke ich mir, und lasse die Nagelpflege-Maßnahmen über mich ergehen. Ich fühle mich schon ein wenig komisch, vor allem, da die Arbeiterinnen untereinander immer etwas zu tuscheln haben in einer mir völlig fremden Sprache. Irgendwie ahne ich, sie sprechen über mich. Als ich mit roten Nägeln und um zwanzig Dollar ärmer aus dem Laden trete, schnappe ich erst einmal nach Luft. In der Schule merke ich an all den Komplimenten, manikürte Hände sind ein Statussymbol. Lange, falsche Nägel sind besonders beliebt, am besten in den knalligsten Farben.

Wenn man etwas lernt in Amerika, dann ist es Schlemmen. So gehen wir auch heute ins Restaurant zum Essen mit Freunden, nachdem uns John von zu Hause abgeholt hat. Amerikanische Eltern, oder vielleicht auch nur unsere Gasteltern, sind sehr wählerisch mit den Freunden der Kinder. Alle müssen zuerst hereinkommen und sich vorstellen. Das ist mir immer ziemlich peinlich, wo es sich doch nicht um meinen zukünftigen Ehemann handelt. Aber vielleicht ist das auch der Kulturunterschied, darum akzeptiere ich es. Als ob ich eine andere Wahl hätte. Jedenfalls nimmt es mein Gastvater vor allem mit den Jungs ziemlich genau. Aber John kennt unsere Gasteltern ja schon, und darum ist das auch kein Problem. Nach dem Essen haben wir keine bessere Idee, als uns noch ein fettes Stück Torte in der *Cheesecake Factory* zu gönnen. Das Wenn-schon-denn-schon-Prinzip zeigt seine volle Wirkung und auf ein paar hundert Kalorien mehr oder weniger kommt es jetzt auch nicht mehr an. Essen ist eine beliebte Freizeitbeschäftigung, nicht nur bei den Jungs. Aber falls man Amerika bereist, ist ein Stopp in dem Restaurant *Cheesecake Factory*, bekannt für die große Auswahl an verschiedenen Torten und Käsekuchen, wirklich ein Muss. Von Oreo-Schokoladen-Torte bis zu Mango-Passionsfrucht-Käsekuchen – die Karte ist meterlang. Umso schwerer fällt mir die Entscheidung. Wie auch immer, die großzügigen Kuchenstücke sind himmlisch. Nach dem dritten Bissen bringen Lina und ich allerdings nichts mehr herunter. So lassen wir unsere Reste einpacken und bewegen uns mehr rollend als gehend aus dem Lokal. Keiner von uns hätte in diesem Moment gedacht, dass wir die Tortenreste gleich am nächsten Tag zum Frühstück verdrücken würden.

John fährt uns, wie immer, mit seinem kleinen, schwarzen Auto nach Hause. Klein für amerikanische oder, besser gesagt, texanische Verhältnisse, denn wer hier keinen Offroader fährt, gehört nicht dazu. John spart lieber dadurch am Benzingeld und lässt sich die Sprüche gefallen. Was aus europäischer Sicht total ökonomisch und schlau ist. Aber ein Auto ist nicht nur ein Transportmittel, sondern, wie ja auch bei uns, ebenfalls ein Prestigeobjekt. So ist es das Größte für alle Teenager, nach ihrem sechzehnten Geburtstag endlich ihren Führerschein machen zu dürfen. Darauf warten viele schon ihr halbes Leben, denn der Führerschein und ein Auto bedeuten Freiheit und Unabhängigkeit von den Eltern. Man muss nicht mehr Mama um einen Chauffeurdienst bitten, wenn man schnell einen Freund besuchen will oder ein neues Duschmittel aus dem Drogeriemarkt braucht. Mir ist aufgefallen, dass ich in Amerika viel mehr Zeit zu Hause verbringe. Mit dem Fahrrad oder zu Fuß kommt man nicht weit und ein eigenes Auto habe ich ja nicht.

Doch heute habe ich, wie gesagt, meinen Chauffeur John. So fahren wir mit lauter Musik im Auto nach Hause. Als mich John nach dem Weg zu meinem Haus fragt, bin ich orientierungslos wie ein blindes Huhn. Aber in der Dunkelheit sehen auch wirklich alle Sträßchen gleich aus. Doch Lina, mein lebendes Navigationssystem, bringt mich immer wieder zum Staunen. Sie erinnert sich an jede kleine Gasse und navigiert mich auch diesen Abend nach Hause. Ohne sie werde ich mich bestimmt einmal verirren. Aber sonst vertraut man gerne auf die Technik. Beinahe alle meine Freunde besitzen ein iPhone mit Navigationssystem, und so habe ich es noch immer nach Hause geschafft.

Die Tage vergehen, doch an meiner Highschool gibt es alle paar Wochen einen Event, der den Schulalltag etwas auflockert. Der *homecoming ball* steht vor der Tür, das ist eine jährliche Tradition, die sich zu Ehren der Footballspieler ausrichtet. Jedes Jahr organisiert die Schule auch eine Parade, an der alle verschiedenen Vereine und Clubs der Schule mitlaufen. Auf *Ridge-TV*, das ist unser Schulfernsehen, haben sie schon die Verkleidungswoche angekündigt. Alle Schüler werden sich eine Woche lang jeden Tag zu einem anderen Motto verkleiden. Bei „Black and White" mache ich engagiert mit, aber bei „Hollywood couples" fehlt mir einfach ein Leonardo DiCaprio an meiner Seite, und so versuche ich es gar nicht erst. Meine Freunde lassen sich Tolles einfallen, um all den Themen gerecht zu werden. Die Gänge sind verstopft mit posierenden Gruppen, die ihre Erinnerungsfotos schießen. Am Abend verabreden Maria und ich uns zur *homecoming parade*. Wir erwarten, dass die Straßen gesäumt sind von

Zuschauern, doch wir sind so ziemlich die einzigen Schaulustigen an der Straße. Umso mehr Süßigkeiten werden uns zugeworfen und umso mehr dumme Sprüche und Pfiffe bekommen wir von den vorbeiziehenden Footballspielern zu hören. Maria und ich schauen uns nur amüsiert an, denn wir denken beide dasselbe: Die Footballspieler scheinen sich den Kopf einmal zu viel an dem harten Ball gestoßen zu haben.

Olivia fragt mich, ob ich mit ihr und ihren Schwestern sogenannte *mums* basteln will. Es ist eine texanische Tradition, dass man seinem Freund eine große Rosette aus Schleifen und Bändern, eine sogenannte *mum*, bastelt, mit vielen Täfelchen und Anhängern, mit der er dann am Tag des Homecoming-Football-Games herumlaufen muss. Die Jungs müssen natürlich nicht selbst basteln, oft machen die Mütter die *mums* für die Freundin ihres Sohnes. Oder die Paare planen zusammen einen Bastelnachmittag. Doch viele Mädchen machen ihre eigenen *mums* mit ihren Freundinnen nach ihren eigenen Vorstellungen. Am Anfang frage ich mich, ob sich der Aufwand lohnt, so ein Ding zu basteln. Jedoch zusammen mit Olivia und ihren Schwestern Regine und Rachel habe ich so viel Spaß dabei, dass das Produkt nebensächlich ist. Wir sitzen alle zusammen in ihrem Zimmer auf dem Boden in einem Chaos von Scheren, Bändern und Leimtuben. Olivia macht sich eine riesige *mum* mit glitzernden Steinchen und langen Schleifen. Meine ist da etwas bescheidener. Ich kann mir noch nicht vorstellen, ob das gut aussehen wird, mit so einem Ding um den Hals den ganzen Tag lang herumzulaufen.

Ich traue meinen Augen nicht, als am Tag des *homecoming games* wirklich die Mehrheit aller Schüler mit einer *mum* zur Schule kommt. Je größer desto besser, scheint das Motto zu sein, denn eine Schülerin passt kaum noch durch die Eingangstür, so groß ist ihre knallig pinkfarbene Rosette, bestückt mit Plüschtieren und Glöckchen. In meinem Mathekurs kann meine Nachbarin gar nicht mehr in ihrer Schulbank sitzen und muss ihre *mum* schlussendlich ausziehen. Sie hat um die dreihundert Dollar für dieses einmalig zu tragende Schmuckstück ausgegeben.

Und dann ist er da, der Hauptanlass dieser farbigen Woche, das *homecoming game*. Die Schulband spielt ihre Märsche und die Schülerschaft sitzt fast vollständig auf der Tribüne. Die *mums* wurden inzwischen ausgezogen und im Zimmer aufgehängt, wo sie den Rest der Schulzeit als Staubfänger hängen werden. Bevor das Spiel startet, kommt mein Lieblingsmoment, wenn alle Footballspieler durch ein Papierschild auf das Feld rennen. Als Footballspieler ist man ein halber Star an der Schule. Zum Glück gewinnen wir sogar das Spiel, was nach den letzten paar Wochen eine wirkliche Leistung ist. Nach dem Spiel werden noch die *homecoming queen* und der *homecoming king* gewählt. Die gesamte Schule kann online wählen. Kerry, ein verrücktes Mädchen aus dem Chor mit blonden Rastalocken, gewinnt die Wahl. Mit dem *homecoming king* Georg, einem Freund von mir, wird sie auf dem Footballfeld gekrönt. Die stolzen Eltern verdrücken Tränchen und die ganze Schule applaudiert.

Zu Hause gibt es ein Drama. Lina schläft heute Abend bei mir, da ihre Gasteltern verreist sind. Da wir uns aber einmal mehr nicht entscheiden können, ob wir mit ihren Freunden nach dem Spiel essen gehen oder mit meinen, teilen wir uns auf. Keiner von uns rechnet damit, dass die Gasteltern ein Problem damit haben. Doch da liegen wir falsch. Kaum bin ich zu Hause angekommen, fangen sie schon an, mir zu drohen, dass wenn so was noch mal vorkommen würde, ich mit ein paar Wochen Stubenarrest rechnen könne. Wie ich dieses Wort hasse, denn jeder amerikanische Teenager ist mindestens ein Viertel seiner ganzen Highschool-Karriere aus irgendeinem unsinnigen Grund *grounded*, also zum Arrest verdonnert. Man wird von der Außenwelt isoliert und darf nach der Schule das Haus nicht verlassen. Dieses Mal kommen wir aber mit einem blauen Auge davon, da Lina bald darauf auch nach Hause kommt. Als Austauschschüler aus

Europa kommt es leicht mal zu einem Eklat, denn mit amerikanischen Eltern wird nicht diskutiert. Sobald ich nachfrage, warum ich jetzt am Abend nicht rausgehen darf, heißt es: „Don't argue with me!", was so viel bedeutet wie „Widersprich mir nicht!". Widerrede wird als respektlos angesehen und Respekt gegenüber den Eltern steht an erster Stelle. Ich rate jedem dringend, das einfach zu akzeptieren und anzunehmen. Klar gibt es ganze Abende, an denen du frustriert in deinem Zimmer hockst, und dich fragst, warum du nichts mit deinen Freunden unternehmen darfst. Aber allgemein fährt man besser, wenn man den Ärger runterschluckt. Im Kopf ein paar Flüche ausstößt, nett lächelt und das Beste aus der Situation macht. Das ist leicht gesagt. Es hat mich jedoch mehrere Monate gekostet, das zu lernen.

Am Samstagabend gibt es dann noch den *homecoming ball.* Mit der Suche nach dem perfekten Kleid haben die meisten Mädchen schon vor Wochen begonnen. Total aufgestylt ist die ganze Schule in der Aula versammelt. Ein DJ sorgt für passende Musik, und schon bald sind alle am Tanzen. Die Stimmung kocht, die vielen Südamerikaner und Afro-Amerikaner haben das Tanzen im Blut. In der Schweiz braucht es meistens eine gute Menge Alkohol bis die Gesellschaft etwas ausgelassener wird. Nicht so hier, wo der Tanzstil auch schnell mal unter die Gürtellinie rutscht. Das viele Security-Personal und die Lehrer haben alle Hände voll zu tun, Sittenpolizei zu spielen, denn viele Mädchen tanzen auf geradezu billige Art Jungs an, was ihrem Ruf nicht zugutekommt. Trotzdem haben Lina und ich großen Spaß, denn so eine Party haben wir in den letzten paar Monaten nicht erlebt.

Crash

Mir schlägt das Herz bis zum Hals. Ich habe keine Ahnung, was gerade abgeht, denn ich habe weder Regeln gebrochen noch sonst etwas Illegales getan. Doch die Welle des Misstrauens scheint meine Gasteltern zu überrollen. Nach einem Telefonat mit der Koordinatorin zu Linas Situation, scheinen sie auch bei mir einen Regelverstoß zu vermuten. Misstrauisch fragen sie mich, ob Lina mir etwas anvertraut hätte. Ich weiß nichts und natürlich würde ich auch nichts sagen, wenn dem so wäre. Der armen Lina wurde wegen ihrer „schlechten" Noten das Handy weggenommen und ihr Gastvater hat all ihre Textnachrichten durchsucht. Auch wenn weder sie noch ich irgendetwas Falsches getan haben, so ist dies für Linas Gastfamilie doch der perfekte Anlass, sie loszuwerden. Sie haben, wie auch meine Gasteltern, heftige Eheprobleme, sodass wir Austauschschüler offensichtlich gerade ein bisschen stören. Meine Gastmutter glaubt allen Ernstes, ich hätte zusammen mit Lina getrunken oder gekifft. Sie nehmen auch mir mein Handy ab und schnüffeln herum. Ich muss beinahe lachen, als sie mich todernst auf ein Foto ansprechen, das einen Kugelschreiber zeigt, und es als Joint oder Was-weiss-ich-was interpretieren. Auch, dass ich mit einigen Jungs schreibe, passt ihnen gar nicht. Doch das Lachen vergeht mir schnell, als meine paranoide Gastmutter trotz fehlender Beweise ausrastet und mir Sachen an den Kopf wirft, die ich nicht wiederholen möchte. Sie vertraue mir ihre Kinder nie mehr an und sowieso sei ich eine Lügnerin. Ich fühle mich wie im falschen Film. Hallo, was habe ich denn gemacht?, frage ich mich. Ich gehe in mein Zimmer und zittere nur noch. Lina muss es noch schlimmer gehen, da bei ihr die reelle Chance besteht, dass sie wegen der absurden Fantasien ihrer hysterischen Gasteltern nach Hause geschickt wird. Und bei ihrem jähzornigen Gastvater kann ich mir gut vorstellen, dass er eigenhändig dafür sorgt, dass sie in den Flieger nach Deutschland gepackt wird. Wir stehen jetzt als die *bad girls* da. Jedenfalls habe ich keine Ahnung, was gerade vor sich geht. Mein Gastvater droht mir sogar damit, dass ich nach Hause geschickt werde, wenn etwas rauskommen sollte. Sie nehmen mir auch mein eigenes Laptop und den iPod weg. Wenigstens mein Tagebuch lassen sie mir noch. Doch ich bin mir hundertprozentig sicher, dass mein Zimmer auch noch gründlich durchsucht wird, während ich in der Schule bin. All dieser Stress, ohne dass ich mir etwas vorzuwerfen hätte.

Nach einer schlaflosen Nacht gehe ich am nächsten Morgen zur Schule. Lina sieht nicht besser aus, sie scheint in ihrem weiten Pullover zu ertrinken, und die dunklen Ringe unter ihren Augen deuten ebenfalls auf eine schlaflose Nacht hin. Wir umarmen uns erst einmal fest und trösten einander. Die Arme muss jetzt innerhalb einer Woche eine neue Gastfamilie finden, denn das ist das Ultimatum, das einem von der Organisation bei einem Familienwechsel gestellt wird. Unsere Mitschüler schauen uns nur verwundert und etwas mitleidig an, als wir wie zwei Häufchen Elend lustlos dem Unterricht folgen. Dieses Gefühl der totalen Machtlosigkeit kannte ich bislang nicht, nun aber lerne ich es in vollem Umfang kennen. Als Austauschschüler liegen die Entscheidungen nicht bei dir, sondern die Gasteltern und die Organisation haben alles in der Hand. Noch nie bin ich so ungerecht behandelt und falsch beschuldigt worden. Dieser Tag schreibt Geschichte als der schlimmste Tag in meinem bisherigen Leben. Man kann sich nicht einmal richtig wehren, denn man möchte ja im Land bleiben. Megan hat mich schon gewarnt und gesagt, die nächsten drei Wochen könne ich mich auf Hausarrest einstellen und von meinem Handy, iPod und Laptop könne ich auch für eine Weile Abschied nehmen.

Nach dem Gespräch mit Jessica, der Koordinatorin der Schule, sieht alles schon wieder ein wenig heller aus. Sie meint, ich stecke in einer Situation, in die ich gar nicht hineingehöre. So bestehe für mich keinesfalls Gefahr, nach Hause geschickt zu werden. Auch Lina kann bleiben, wenn sie in den nächsten paar Tagen eine neue Familie findet. Es scheint, als ob Linas Gasteltern alles versuchen, um sie loszuwerden, da sie ihre Eheprobleme schon etwas länger haben und nun offensichtlich ihre Ruhe wollen. Um ihr Gesicht zu wahren, zerstören sie lieber den Traum

vom ungetrübten Austauschjahr eines jungen Mädchens, statt ehrlich zuzugeben, dass sich ihre Lebenssituation geändert hat und in dieser einfach kein Platz mehr für ein fremdes Mädchen ist. Das zeugt nicht gerade von viel Nächstenliebe.
Ich habe so eine Wut auf Linas Familie und auch auf meine Gasteltern, die schlicht überreagiert und mich zu Unrecht beinahe nach Hause geschickt haben. Wenigstens kann Lina mit diesem Kapitel ihres Lebens abschließen, sie wird sich eine neue Familie suchen, während ich noch die nächsten sieben Monate bei meiner Gastfamilie verbringen muss.

Nachdem unsere Koordinatorin auch mit meinen Gasteltern gesprochen hat und meine Unschuld bewiesen ist, stehen sie mit abgeschnittenen Hosen da. Megan kommen die Tränen. Es tut ihr furchtbar leid, dass sie mich dermaßen heftig beschuldigt hat. Ich vergebe immer viel zu schnell. Tief in meinem Herzen kann ich die ganze Geschichte allerdings lange nicht vergessen. Ich weiß auch nicht so recht, woher der rasche Sinneswandel bei meinen Gasteltern kommt. Plötzlich erklären sie sich nämlich sogar bereit, auch Lina ab sofort bei sich aufzunehmen. Ich bin damit einverstanden, natürlich!, denn so habe ich eine Leidensgenossin immer in meiner Nähe. Das heißt für mich aber auch, ich muss mein Zimmer teilen und sogar meinen Kleiderschrank, so dass ich mich nicht nur freue, sondern auch ein wenig Bedenken habe. Erst später wird mir klar, dass dies ein unglaublich wichtiger Moment in meinem Leben war, denn ich habe mehr als nur eine neue Mitbewohnerin bekommen, ich habe eine Schwester gewonnen, die mir ein ganzes Leben lang erhalten bleiben wird. Lina kommt am gleichen Abend noch mit Sack und Pack an. Ihr Hab und Gut besteht aus einer gigantischen Tasche voll mit Kleidern. Doch mit viel Stapelkunst bringen wir alles in dem einen Schrank unter.

Konsequenzen hat das ganze Drama trotzdem. Lina und ich dürfen erst mal nicht mehr unsere Zimmertür schließen, da die Gasteltern immer noch etwas skeptisch sind, ob wir nicht vielleicht doch aus dem Fenster rauchen. So viel zum wiederhergestellten Vertrauen … Gerade, als ich darüber nachdenke, wie ich die Thanksgiving-Ferien zu Hause verbringen soll, ohne jegliche technische Geräte, werde ich ins Wohnzimmer gerufen. Und siehe da, Megan hat sich umentschieden und den Stubenarrest wieder aufgehoben. „Hello life!" Und sie hat sogar eingestanden, dass sie und ihr Mann überreagiert haben. Zusammen beschließen wir, die ganze Geschichte hinter uns zu lassen und zu vergessen. Lina ist natürlich total glücklich über ihr neues Zuhause, und Alicia darüber, dass sie eine zweite, große Schwester bekommen hat.

Die Einzige, die das ganze Drama so gar nicht vergessen kann, ist meine Mama. Sie macht sich von der Schweiz aus Sorgen und würde mich am liebsten nach Hause holen. Auch meinen Gasteltern vertraut sie nicht mehr so richtig. Ich beruhige sie, so gut es geht, über Skype. Ein Austauschjahr ist auch eine Herausforderung für die Eltern, denn sie müssen ihre Kinder loslassen. Auch ich habe meine Eltern schon ein paar graue Haare gekostet, seit ich in Amerika bin.

Mit den Gasteltern fahren wir zu IKEA, um noch ein paar Möbel zu besorgen, sodass Lina und ich wenigstens nicht auch noch das Bett teilen müssen. IKEA ist ein Stück Heimat, denn IKEA in Texas ist nicht von einem IKEA in Zürich oder Hamburg zu unterscheiden. Die Zimtschnecken und Hotdogs schmecken auch genau gleich. Mit vollem Auto fahren wir zurück nach Hause und verbringen den Rest des Tages mit dem Zusammensetzen der IKEA-Möbel. Es ist immer eine Geduldprobe, bis man alles zusammengesetzt hat. Doch schlussendlich sind Lina und ich mit dem Ergebnis sehr zufrieden. Unser gemeinsames Zimmer ist nicht größer geworden, aber um einiges gemütlicher.

Am nächsten Tag ist auch schon Halloween. Diese amerikanische Tradition kennen wir bei uns zu Hause ja auch schon, jedoch nicht in diesem Ausmaß. Schon am Ende der Sommerferien sind die Läden vollgestopft mit Verkleidungsartikeln und gruseligen Dekorationsartikeln. Die Vorgärten werden mit Spinnweben versehen, und es gibt auch hie und da ein paar Grabsteine im Garten. Das alles sieht ziemlich gruselig aus in der Abenddämmerung, weshalb ich auf meine bisherige Joggingrunde verzichte. Alice hat ihr Cinderellakostüm schon lange im Schrank hängen. Sie mag es eindeutig lieber, die Schöne zu spielen. Nicht so Jason, der mich schon einmal zu Tode erschreckt hat, als er mir, als Monster verkleidet, aus meinem Kleiderschrank entgegen sprang.

Lina und ich sind etwas spät dran mit unseren Kostümen. So improvisieren wir am Halloween-Abend ein notdürftiges Outfit, eine gruselige Mischung zwischen Paris Hilton und einer Hexe. Es ist fast Tradition, dass es zum Abendessen zuerst einen *corn dog* gibt, eine Art frittierter Hotdog im Maisteigmantel am Spieß, bevor man sich den ganzen Magen mit Süßigkeiten vollschlägt. Für mich gibt es einen *tofu corn dog*. Nach dem Essen ziehen wir mit der ganzen Familie los und klingeln an jeder Tür in der Nachbarschaft. Der Spruch „Trick or Treat" wirkt eigentlich immer und unsere Säcke sind schon bald prallvoll. Halloween in den USA ist eine Erfahrung für sich, die man in Europa kaum so erleben kann. Allein schon das Zuckerkoma, in das wir alle fallen, nach so viel Schokolade und *candy*. Man kann aber auch wirklich gruselige Geschichten hören, wie mein Gastvater gerne erzählt. Von alten Männern, die Kinder nicht ausstehen können, und darum Nadeln und Gift in den Süßigkeiten verstecken. Um auf Nummer sicher zu gehen, wird die ganze Beute erst einmal auf dem Wohnzimmerboden ausgeschüttet, und alles Suspekte wird aussortiert. Übrig bleibt für alle sowieso genug.

Freitage sind eindeutig meine Lieblingstage. Mit der Organisation meines Wochenendes fange ich meist schon am Dienstag an. Heute Abend gehen wir zu einer Geburtstagsparty, diesmal mit einem sogenannten *bonfire*. Das sind gemütliche Abende am

Lagerfeuer, wo Marshmallows gebraten werden und man im Kreis um das Feuer herumsitzt. Es versteht sich von selbst, dass es solche Abende in Texas nur im Winter gibt, da man sonst die Hitze nicht aushalten würde. Unser Freund Carter hat heute Geburtstag und seine Freundin organisiert eine Überraschungsparty für ihn. Lina und ich, beide völlig auf Partyentzug, freuen uns auf eine richtige Fete. Doch es ist dann eher ein Abend der gemütlicheren Sorte, mit viel Essen – auch okay. Die richtigen Partys, oftmals Hauspartys, da es illegal ist, unter einundzwanzig Jahren Alkohol zu konsumieren, laufen sowieso oft nur auf ein Gruppenbesäufnis hinaus. Nicht selten stattet auch die Polizei den Leuten noch einen Besuch ab, weshalb man sich von dieser Art von Partys – gerade in Texas – lieber fernhält. Dieser Staat hat noch einmal striktere Regeln, was den Alkoholkonsum angeht, als der eh schon strenge Rest Amerikas. Allgemein hat Alkohol eine geringe Akzeptanz hier, sicher auch wegen der Religion. Ein Gläschen Wein zum Genuss wird schon als ungesund und unangebracht angesehen. Das ist ein wenig der Ambivalenz der Amerikaner zuzuschreiben, denn viel gesünder sind die überzuckerten Softdrinks bestimmt nicht. Aber natürlich wird der Alkohol trotzdem von den Teenagern ausprobiert, was oft zu einer Katastrophe führt, da viele noch mit dem Auto nach Hause fahren müssen und die Eltern auf keinen Fall anrufen können. Trotzdem hatten wir unseren Spaß an dem Abend, und mein persönliches Highlight ist, dass ich einen echten Indianer kennengelernt habe. Ich weiß nicht, woher meine Faszination gegenüber den Ureinwohnern von Amerika kommt. Greg ist von indianischer Abstammung, was man ihm nur auf den zweiten Blick ansieht, denn man könnte ihn auch für einen Mexikaner halten. Ich unterhalte mich den ganzen Abend bestens mit ihm.

Um nicht noch einmal Ärger zu bekommen, haben Lina und ich uns geschworen, uns von jeglichem Verbotenen fernzuhalten und uns strikt an alle Regeln zu halten. Denn wir haben ja am eigenen Leibe erlebt, wie schnell man nach Hause geschickt werden kann. Also gehen wir brav und pünktlich abends nach Hause.

Thanksgiving

Vom Winter, der vor der Tür steht, merkt man noch nichts in Texas. Die Sonne scheint und es ist drückend heiß, wie eh und je. Trotzdem steht einer der beliebtesten, amerikanischen Feiertage vor der Tür – Thanksgiving. Meine Gastmutter hat schon im September mit ihrer Diät angefangen, um dann an diesem Fest ohne schlechtes Gewissen schlemmen zu können. Der hohe Beliebtheitsgrad dieses nationalen Feiertages, denke ich, ist vor allem auf das große Festmahl zurückzuführen, das den ganzen Tag in Beschlag nimmt. In den Läden findet man alles mit Kürbis- oder Eierlikör-Geschmack – die beiden Hauptdarsteller an Thanksgiving. Kürbiskekse, Pasta mit Kürbissoße, heiße Schokolade mit Eierlikör oder Duftkerzen mit Zimt und Kürbisgeschmack – da kann man ja nur in die richtige Stimmung kommen. Zuerst habe ich die Amerikaner für verrückt gehalten, aber es färbt ab. So bestellen Lina und ich nun immer die saisonalen Spezialitäten, um in Vorfreude zu schwelgen.

Thanksgiving bedeutet so viel wie Danksagung und ist die amerikanische Form des Erntedankfestes. Da es ein staatlicher Feiertag ist, haben wir schulfrei am vierten Donnerstag des Monats November. Die Geschichte hinter dem Familienfest ist bis auf die Zeit der Pilger zurückzuführen, die im siebzehnten Jahrhundert mit dem Schiff *Mayflower* nach Amerika auswanderten. Nach entbehrungsreichen ersten Monaten überlebten sie dank der Hilfe der Indianer und der ersten guten Ernte. Die Legende sagt, dass die Pilger zusammen mit den Indianern das erste Erntedankfest feierten, an dem es Gans, gekochten Kürbis, Fisch, Beeren und getrocknete Früchte gab. Natürlich sind die Gerichte heutzutage etwas anders, doch die Elemente sind gleich geblieben. So spielt der gefüllte Truthahn traditionellerweise noch immer die Hauptrolle, und auch der *pumpkin pie*, ein süßer Kürbiskuchen, darf nicht fehlen.

Erster Schritt bei den Vorbereitungen für Thanksgiving ist das Einkaufen. Mit unserer Gastmutter geht es zum Supermarkt, wo wir unseren Einkaufswagen schon in kürzester Zeit gefüllt haben. Wir scheinen nicht die Einzigen zu sein, die diese Idee haben, und so wuselt es im ganzen Shoppingcenter wie in einem Ameisenhaufen.

An Thanksgiving ist früh Tagwache. Dass Thanksgiving ist, merkst du daran, dass du schon im Pyjama Käsekuchen backst. Kartoffelbrei, Croissants, Bohneneintopf und Maisbrot – alles muss fertig gekocht werden, bis die Familie zum Essen kommt. Sogar Lina, die sonst nicht so mit dem Kochlöffel zurechtkommt, wird voll in die Vorbereitungen eingespannt. Den Truthahn kann ich aber bei bestem Willen nicht füllen, so übernimmt die Gastmutter diese „Ehre". Bei der Menge an Gerichten, die wir zubereiten, frage ich mich, wer das alles essen soll, denn Hunger habe ich keinen. Wir naschen die ganze Zeit beim Kochen und zum Frühstück holt Jeremy tatsächlich noch Donuts. Idiotisch, bei all dem Essen, das wir in ein paar Stunden verdrücken werden.

Kaum treffen die ersten Gäste ein, geht es auch schon los mit dem Schlemmen. Ich schlage mir den Magen schon tüchtig mit Chips und all den Dips voll. Als dann das richtige Essen kommt, kann ich schon gar nicht mehr. Thanksgiving ist bei vielen amerikanischen Familien der einzige Tag im Jahr, wo die ganze Familie zusammen beim Essen am Tisch sitzt. Die Tafel ist schön gedeckt und biegt sich beinahe unter dem Gewicht der vielen Gerichte. Ich stelle glücklich fest, dass es sich auch nicht um Plastikgeschirr handelt.

Kaum sind wir mit dem Essen fertig, geht es sogleich weiter. Auf meine Frage, ob wir jetzt gleich schon wieder Dessert essen müssen, lacht die ganze Familie nur und meint, in Amerika würde ich das Essen schon noch lernen. Allgemein wird viel gelacht und alle haben gute Laune.

Auch der Nachtisch ist alles andere als kümmerlich. Es gibt meinen Käsekuchen, den traditionellen Kürbiskuchen und den texanischen Klassiker, den Pekannusskuchen. Danach kann sich jeder gerade noch zum Sofa schleppen, wo alle in ein sogenanntes *food coma* fallen. Mir geht es nicht besser, noch nie in meinem Leben habe ich mich so satt gefühlt. Trotzdem würde ich lieber einen Verdauungsspaziergang machen, als mich einfach hinzulegen. Doch diese Idee ist dann selbst für Lina zu europäisch, die sich kaum noch bewegen kann auf der Couch. So verbringt die ganze Gesellschaft den Rest des Nachmittages quasi liegend. All den Nachrichten nach zu schließen, die ich von meinen Austauschfreunden in anderen Bundesstaaten bekomme, scheint es überall in den USA gleich zuzugehen an diesem Feiertag. Man sagt ja, es sind die Proteine im Truthahn, die so müde machen. Doch ich als Vegetarierin kann bestätigen, dass es die schiere Masse an gutem Essen ist.

Der Tag nach Thanksgiving wird *Black Friday* genannt und ist bekannt durch die vielen Aktionen und Sonderangebote. Alle gehen einkaufen und es empfiehlt sich, früh genug aufzustehen. Die Läden und Shoppingcenter werden regelrecht gestürmt. Ganz ungefährlich ist das nicht. Es gibt ein Gerangel und regelrechte Kämpfe um die Angebote. Letztes Jahr wurde eine alte Frau bei *Walmart* zu Tode getrampelt. Genau aus diesen Gründen – und zur Schonung unserer und vor allem der Nerven unserer Gasteltern – haben Lina und ich uns auf Online-Shopping beschränkt.

Ich sammle Erinnerungen. Andere Leute mögen Briefmarken oder Münzen sammeln, aber ich kann nicht genug Erinnerungen und Erfahrungen bekommen. Denn das ist es, was mich als Person reifer macht. Es sind die *nicht* materiellen Werte, die uns ein Leben lang erhalten bleiben. Das sehen vor allem in Amerika nicht viele Leute so. Doch Glück lässt sich nicht kaufen. Auch wenn die Werbung uns das vorgaukelt und *shopping malls* wie Unkraut überall aus dem Boden sprießen. Glück ist eine Einstellungssache. Unabhängig von allem Reichtum oder Geld der Welt hat jeder die Möglichkeit, glücklich zu sein. Zu solchen Erkenntnissen kommt man, wenn man nichts Besseres zu tun hat, als im Unterricht Löcher in die Luft zu starren.

Eine Erfahrung der anderen Art machen wir in unseren Thanksgiving-Ferien. Mit der ganzen Familie geht es nach Oklahoma. In Oklahoma, so sagt man mir, gibt es nicht viel mehr als Wald und Natur. Ich freue mich auf ein wenig Wildnis, nachdem wir unsere Freizeit in den letzten Monaten vor allem in Einkaufszentren und in der klimatisierten Schule verbracht haben.

Ohne einen ordentlichen *road trip* kommt bei einem Amerikaner keine Ferienstimmung auf. So machen wir auch auf dieser vierstündigen Reise bei mindestens fünf verschiedenen Tankstellen halt. Jede Tankstelle hat das gleiche Sortiment. Eine große Auswahl an verschiedenen Chips, alle möglichen Arten von Getränken, und etwas alt aussehende Nüsse in der Dollarmaschine. An der Theke gibt es glänzende Würstchen, die sich über dem Grill drehen, und manchmal auch frisch frittierte Frühstücksburritos. An der Kasse wird man meistens von einem Larry oder Johnny, einem typischen *hilly billy*, das coolste Wort für einen Hinterwäldler, bedient. Die kuriosesten Gestalten hängen in solchen Tankstellen herum. Auf dem Weg zur Toilette werden Lina und ich immer von vielen Blicken begleitet. Trotzdem hat es etwas Gemütliches, nach einer langen Fahrt an der Tankstelle zu halten und sich mit neuem Kaugummi und Erdnüssen einzudecken.

Wir fahren vorbei an riesigen Indianerreservaten. Auffallend sind die vielen Kasinos, die die Autobahn säumen. „Oklahoma ist langweilig, darum haben wir alle *native Americans* dahin geschickt", wie mein guter Freund John in seiner ironischen Art mir mal erklärte. Daran muss ich nun denken. Auf dem steuerfreien Boden verdienen sie viel Geld mit den Kasinos, das es ihnen wiederum ermöglicht, ihre Kultur und Traditionen zu fördern und am Leben zu erhalten. Gerne hätte ich so einem Reservat einen Besuch abgestattet, doch da stoße ich bei meinen Gasteltern auf taube Ohren. Fast rassistisch meinen sie, da sei sowieso nichts zu sehen außer Armut. Mich nennen sie schon „ihre Indianerin", da ich mit meinen Shirts mit Ethno-Mustern und der Feder an meiner Halskette nicht dem amerikanischen Mainstream entspreche. Neben der Indianerin, habe ich auch schon den Stempel als Öko und *tree hugger*, da ich als Vegetarierin kein Fleisch esse. Mein Interesse an den verschiedenen Randgruppen der amerikanischen Bevölkerung scheint die Gastfamilie zu überfordern. So würde ich auch gerne einmal den Amischen einen Besuch abstatten. Sie sind eine Gruppe urreligiöser Auswanderer aus der Schweiz, die sich in ihrer Lebensweise seit dem neunzehnten Jahrhundert nicht verändert haben, und immer noch mit Pferden und Kutschen statt mit Autos fahren. Das soll jetzt nicht nach Zoobesuch klingen, sondern einfach nach purem Interesse an Amerika.

Am Abend kommen wir dann endlich in der *middle of nowhere* an. Megan quengelt schon lange, da sie zur Toilette muss, und Lina ist mit den iPod-Stöpseln in den Ohren wieder einmal in einen Tiefschlaf gefallen. Nichts außer Natur weit und breit. Den Handyempfang haben wir schon bei der Grenze zu Oklahoma verloren. Die Gasteltern haben ein schönes Ferienhäuschen mit Whirlpool und Veranda mit Blick auf den Fluss gemietet. Die Wände werden mit Elchköpfen und anderen Jagdtrophäen geziert, die mit leeren Augen auf uns herunterstarren. Die Leute hier sind große Jagd-Freunde, aber was gibt es auch sonst groß zu tun hier. Unser Gastvater macht sich einen Spaß daraus, uns von dem Yeti zu erzählen, der sich angeblich in dieser Gegend herumtreibt. Ich wette, das ist nicht mehr als ein Mann in einem

Fellkostüm, der als Touristenattraktion hier herumgeistert. Lina wirft mir einen Blick zu und ich kann ihr ansehen, dass sie an den Horrorfilm denkt, den wir letztens zusammen gesehen haben. Rund herum ist nichts als Wald, von dem eine fast gespenstige Ruhe ausgeht. Hier ist man wirklich dazu verdonnert, die Zeit mit der Familie zu verbringen, wenn man sich nicht neue Freunde unter den Wölfen oder Rehen suchen möchte. So spielen wir geduldig drei Stunden Monopoly mit den Kindern, nach einem typischen Campingdinner mit Pommes und Hamburgern. Und mit Tischfußball und Billard vertreiben wir uns die restliche Zeit.

Als Austauschschüler habe ich immer das Gefühl, die Gastfamilie unterhalten zu müssen. Es ist so, als würde von uns erwartet, dass wir dumme Sachen sagen und somit die Gastfamilie zum Lachen bringen. Hauptgesprächsstoff von Jeremy sind die „funny stories from our exchange students“ – Missgeschicke oder Missverständnisse von uns. Das ist ja schön und gut, doch Bemerkungen über meinen Text auf meinem Blog, wegen dem sie (grundlos!) beleidigt waren, das mag ich nicht mehr hören. Sie selbst fühlen sich in ihrer Ehre als Amerikaner so schnell verletzt, wenn man Witze über das fette Essen oder sonstige Eigenarten macht. Doch selbst sind sie kein bisschen sensibel uns gegenüber. Doch amerikanischen Eltern widerspricht man eben nicht. Sonst gibt es Hiebe, die die Kinder immer mal wieder mit einem Ping-Pong-Schläger auf den Hintern bekommen.

Lina und ich teilen uns ein Zimmer und können in diesem gespenstischen Haus nicht alleine schlafen. Im Dunkeln sieht alles noch viel mehr nach *Scary Movie* aus und Lina traut sich nicht einmal alleine aufs Klo. Glücklicherweise werden wir, außer von einer gigantischen Spinne, von keinem Monster besucht.

Mit den Kanus gehen wir am nächsten Morgen auf dem Fluss paddeln. Im Wettrennen mit unseren Gasteltern gewinnen Lina und ich natürlich. Selbst am ersten Advent sind die Temperaturen noch angenehm warm, und ich kann nicht widerstehen und springe in den kalten Fluss. Am Ufer steht eine Schaukel, die direkt in das Wasser reicht. Vielleicht mehr etwas für den Sommer, aber ich will nichts verpassen. Mein Gastvater filmt natürlich wieder einmal alles und stellt es nachher auch noch auf YouTube, traut sich selbst aber nicht hinein. Megan scheint es plötzlich zu packen, und auch sie springt in das kühle Nass. Leider kommt sie kaum wieder an Land, doch wir alle helfen ihr. Der kleine Jason muss auch noch den Held spielen, braucht aber volle zehn Minuten bis er endlich im Wasser ist.

Damit ist mein Bewegungsdrang aber noch nicht gestillt und statt eine Mittagspause auf der Veranda zu halten, packe ich die Möglichkeit am Schopfe, mich endlich wieder einmal auf den Sattel zu schwingen und biken zu gehen. Natürlich kann sich niemand dazu überwinden, mitzukommen. Alle liegen ausgepowert auf der Couch. Beim Autofahren sieht die Sache dann wieder ganz anders aus. Lina kann es gar nicht erwarten, das erste Mal einen Pick-up zu fahren, und auch ich will es unbedingt mal ausprobieren, wo wir doch sowieso abseits jeglicher Zivilisation sind. Es ist ein super Gefühl, selbst Auto zu fahren, und nach der kleinen Einführung von unserem Gastvater kurven wir alleine durch die Waldsträßchen. Sogar der sonst so vorlaute Jason scheint beeindruckt von unseren Fahrkünsten. Solange es nicht in den Rückwärtsgang gehe, würde er sogar mit uns mitfahren, meint er. Ich bin dann aber doch froh, dass mir kein Reh vor das Auto läuft, denn meinen Führerschein habe ich nach wie vor noch nicht.

Wo wir gerade schon in der Nähe sind, geht es zum Abendessen nach Arkansas. Es ist eine kleine Tradition, dass bei jedem neuen Bundesstaat ein Foto mit dem Autobahnschild gemacht wird. So können wir nun auch hinter Arkansas einen Haken machen. Im sogenannten Naturstaat Arkansas – ich dachte in Oklahoma sei schon nichts anderes als Natur zu finden – kaufe ich Postkarten, damit auch meine Freunde in der Schweiz wieder einmal etwas von mir zu lesen kriegen.

Auch die traditionellen *smores* am Lagerfeuer durften nicht fehlen. Das ist ein Sandwich aus einem Cracker, Schokolade und einem gerösteten Marshmallow. Viele Leute, so auch meine Gastmutter, verbinden damit glückliche Kindheitserinnerungen. Es ist mit meiner Gastfamilie nicht ganz so romantisch, da mein Gastvater sich weigert, Marshmallows zu braten, geschweige denn zu essen, und auch Jason will lieber fernsehen, statt das Abenteuer live zu erleben.

Der fehlende Handyempfang scheint nicht nur Lina und mir, sondern auch unserer eher städtischen Gastmutter auf die Laune zu schlagen. So meint sie zu ihrem Mann, alles was sie brauche, sei ein anständiger Kaffee und Handy-Empfang. So machen wir uns bald nach dem Frühstück auf den Heimweg, stolz, dass wir es trotzdem ganze zwei Tage in der Wildnis ausgehalten haben. Im Auto aktualisieren alle erst einmal den Facebook-Status und die neuesten Bilder werden hochgeladen.

Adventszeit

Es weihnachtet schon sehr. Das unwinterliche Wetter wird mit umso mehr Dekoration überspielt, und die Vorfreude auf Weihnachten ist nicht nur unter den Kindern groß. Bei *Starbucks* gibt es schon die Weihnachtseditionen wie Zimtkaffee und alle anderen weihnachtlichen Getränke. Die Shoppingcenter sind vollgestopft mit allerhand Spielzeug und Geschenkideen.

Lina und ich sind vollauf damit beschäftigt, Weihnachtsgeschenke für unsere Familien zu Hause zusammenzusuchen. Es ist ein doppelter Stress, wenn man Geschenkideen für zwei Familien finden muss. Aber Shopping macht ja vor allem in Amerika riesigen Spaß, sodass wir dieser Beschäftigung gerne nachgehen.

Mit Megan und unserer Gastgroßmutter lernen wir, wie die Profis ihren Weihnachtseinkauf erledigen. Nur wir Frauen, Männer sind ja bekanntlich nicht so geduldige Einkäufer, fahren nach Camden, ein kleiner Ort in der Nähe, der zur Weihnachtszeit das Shoppingmekka von Texas genannt wird. In riesigen Hallen bieten Händler aus dem ganzen Land ihre Ware an. Und wie auch alles andere sind die Shoppinghallen größer in Texas als sonst wo. Man könnte tagelang einkaufen, ohne alles gesehen zu haben. Bevor wir den Shoppingmarathon beginnen, stärken wir uns erst einmal in einem mexikanischen Restaurant. Natürlich ein mexikanisches Restaurant, denn alle Texaner lieben mexikanisches Essen!

Dann stiefeln wir los und ziehen von Stand zu Stand. Es wird wirklich *alles* angeboten: Dekorationsmaterial, Kleider, Cowboystiefel und auch viele Feinkostartikel, wie Frischkäse und Eingemachtes. Überall gibt es kleine Probierportionen, die man kosten darf. Ich kann nur sagen, das ist nicht mehr gut für mich, denn ich probiere mich durch alle Hallen. Mit jedem Weihnachtsmann, der mir entgegenkommt, schieße ich ein Erinnerungsfoto. Alle sind bester Laune und wir haben unseren Spaß.

Vollbepackt mit Einkaufstaschen laufe ich meiner Gastmutter hinterher und beschränke mich darauf, nur noch begeistert zu nicken, wenn sie mir mal wieder einen Weihnachtsmann oder ein spießiges Weihnachtsornament zeigt. Ich bin kaputt. Nie habe ich gedacht, dass Shopping so anstrengend sein kann. Nach sechs Stunden Dauereinkaufen spüre ich meine Füße kaum noch. Aber da ich nicht die Spielverderberin sein will, beiße ich meine Zähne zusammen.

Nachdem auch die anderen müde geworden sind, fahren wir mit vollem Auto ins Hotelzimmer zurück, wo wir eine kleine Pyjamaparty veranstalten, und unsere neuesten Eroberungen herumzeigen. Und da doch Essen so viel Spaß macht, bestellt die Großmutter auch noch ein paar Pizzen aufs Hotelzimmer. Diese unkomplizierte und gemütliche Art schätze ich sehr an den Amerikanern – und es hat auch schon abgefärbt. Warum muss man immer in ein Fünfsternerestaurant gehen, um einen gemütlichen Abend zu verbringen. Allerdings: Jetzt bin ich klüger und weiß, die Standardausrüstung für eine Nacht im Hotelzimmer mit amerikanischen Verwandten beinhaltet Ohrenstöpsel und Wollpullover. Nicht die schnarchende Oma hält mich nämlich vom Schlafen ab, sondern die Klimaanlage, die auf Polartemperaturen läuft. Die Texaner haben wirklich ein anderes Temperaturgefühl, ich erfriere beinahe.

Früh am nächsten Morgen geht es gleich weiter mit dem Einkaufen. Heute werfe ich all meine Eitelkeit über Bord und ziehe Turnschuhe an. Nicht ohne Grund laufen alle Amerikaner mit bequemen Schuhen herum – die haben jetzt jedenfalls keine Blasen an den Fersen wie ich von meinen Ballerinas.

Nach einem weiteren, erfolgreichen Shoppingtag fahren wir zurück nach Hause. Als wir in unsere Straße einbiegen, wird meine Gastmutter schon ein wenig nervös und meint, ich solle doch die zwei großen Tüten nehmen, um ihren Ehemann nicht zu sehr zu schocken. Geschockt war er dann trotzdem beim Anblick der vielen Weihnachtsgeschenke, die seine Ehefrau daherbrachte. Ich ahne bereits, dass sich der nächste Ehestreit anbahnen könnte beim Eintreffen der Kreditkartenrechnung ...

In der Schule sind ebenfalls alle in Weihnachtsstimmung. Genauso wie wir es in der Schweiz mit Freunden machen, spielen wir nun auch in Texas mit der Gruppe unseres Mittagstisches ein vorweihnachtliches Spiel. Wir nennen es Wichteln. Dabei muss man der Person, deren Namen man zieht, in jeder der vier Adventswochen ein kleines Geschenk bringen. Ich habe gerade ein riesiges Paket voll mit Schweizer Schokolade von meiner Oma zugeschickt bekommen, die ich auch verschenken darf. Denn im Gegensatz zur amerikanischen Schokolade ist das ein purer Genuss. Ich glaube, ich esse hier in Amerika mehr Schweizer Schokolade als zu Hause in der Schweiz. Es gibt einem ein

Stück Heimat zurück, wenn auch nur für kurze Zeit.

In meinem Pianokurs üben wir ein Weihnachtslied, das wir am Weihnachtskonzert unserer Schule vorspielen werden. Nach meinen wenigen Wochen in diesem Kurs beschränke ich mich auf den Klassiker „We wish you a merry Christmas", den ich dennoch rauf und runter übe, weil ich unter Lampenfieber leide.

Am Weihnachtskonzert bin ich als erste an der Reihe. Alle Mitglieder meiner Gastfamilie sind gekommen, um mich zu sehen, und Lina möchte alles mit ihrem iPhone auf Video aufnehmen. Alle Zuschauer schauen mich mit erwartungsvollen Augen an, als ich mich mit geradem Rücken an den Flügel setze. Doch als ich anfangen möchte zu spielen, fällt mir vor lauter Nervosität der Anfang des Liedes nicht mehr ein. Um die Peinlichkeit ein wenig zu überbrücken, improvisiere ich ein paar Akkorde. Das ist wieder einmal typisch, denke ich mir, denn solche peinlichen Momente scheine ich wie ein Magnet anzuziehen. So drehe ich mich hilflos zum Pianolehrer um, der mir ein Zeichen gibt, ich soll doch endlich spielen, und kann ein Lachen nicht mehr unterdrücken. Wenn ich jetzt in der Zuschauermenge Linas Gesicht erspähe, dann ist es um mein erstes Pianokonzert geschehen, denn wir beide würden in einen Lachanfall ausbrechen. So reiße ich mich zusammen und fange an zu spielen. Und siehe da, ich kann das Stück ohne einen einzigen Fehler durchspielen, verbeuge mich und gehe schnellstmöglich zu meinem Platz. Lina hat das Ganze wirklich auf Video aufgenommen und ich bin der Lacher der ganzen Familie. Auch mein Pianolehrer erzählt die Geschichte von seiner Schülerin, die den Anfang des wochenlang eingeübten Liedes vergessen hat, liebend gerne in seinen Kursen. Aber das ist immer noch weniger schlimm als das eine Mal, als mein Gastvater außen vor der Badezimmertür meinen Duschgesang aufgenommen hat. Da wurde ich ernsthaft böse.

Unser Weihnachtsmarathon ist aber noch nicht vorbei. Amber,

unsere Freundin, ist ein *shopaholic*. Sie ist süchtig nach Einkaufen! Das soll es wirklich geben. Sie verbringt jedes Wochenende damit, sich durch die Sonderangebote irgendwelcher Läden zu wühlen und kann bei den vielen guten Preisen meist schlecht widerstehen. Ich frage mich immer, was sie mit dem ganzen Ramsch macht, denn ihr Kleiderschrank platzt aus allen Nähten. Aber Lina und ich lieben sie, und es ist immer ein großer Spaß, mit Amber zur *mall* zu fahren. Die Party fängt schon im Auto an, als wir mit einem *Starbucks*-Kaffee in der Hand zu der lauten Musik im Auto mitsingen, so falsch wir nur können.

Shoppen macht einfach mehr Spaß in den USA, und das Preisleistungsverhältnis ist viel besser. Um die tollen Kleider der Läden wie *Abercrombie and Fitch*, *Hollister* oder *Forever 21* beneiden uns alle Schweizer Freunde. Als ich gerade bei *Abercrombie and Fitch* nach ein paar passenden Boxershorts für meinen kleinen Bruder Ausschau halte, die er jedes Jahr von mir zu Weihnachten bekommt, werde ich von der Managerin angesprochen. Sie fragt, ob ich nicht Lust hätte, hier im Laden als Verkäuferin und Model anzufangen, ich würde ihren Look verkörpern. Das ist schon das zweite Mal, dass ich in diesem Laden angesprochen werde, und es nervt mich jedes Mal wieder aufs Neue, dass uns als Austauschschüler nicht erlaubt ist, zu arbeiten und ein wenig Geld dazuzuverdienen. So lehne ich dankend ab.

Eine Popcornmaschine für die Gasteltern, ein Legoset für Jason und noch ein Haufen anderer Geschenke. Wie soll das alles nur in Ambers kleines Auto passen?

In Texas wird der Tannenbaum traditionell nicht im Wald geholt, sondern vom Dachboden. Die Tannennadeln müssen dann noch in die richtige Richtung gebürstet werden und die verschiedenen Teile werden zusammengesteckt. Der Baum riecht zwar nicht so gut wie ein richtiger, er ist dafür aber umso stattlicher, kommt die Tannenspitze doch beinahe bis zur Decke. Mit den farbigsten Christbaumkugeln und Weihnachtsornamenten wird der Baum festlich eingekleidet. Am Schluss werfen wir noch eine Tonne Lametta darüber, und es funkelt und glitzert im ganzen Wohnzimmer. Dieser Christbaum lässt den Baum meiner Eltern in der Schweiz mager aussehen. Dafür sind die amerikanischen Bäume kitschiger. Aber Kitsch an Weihnachten ist perfekt. Der Haufen von Geschenken unter dem Baum wächst auch stetig. Die Geschenke werden hier nämlich schon im Laufe der Adventszeit unter den Baum gelegt – eine echte Geduldprobe für die Kinder, sich da nicht mal schnell an einem Päckchen zu vergreifen. Aber mit dem Geschenkehaufen wächst auch die Vorfreude auf das große Fest. Ich überwinde mich heute, alle meine Geschenke einzupacken, um den Berg im Wohnzimmer etwas zu erweitern. Das riesige Paket in die Schweiz habe ich schon abgeschickt, ich bin gespannt, was meine Familie zu den amerikanischen Geschenken sagen wird.

Die Wochenenden vor Weihnachten gehen wir sehr gemütlich an. Lina und ich verschlafen den halben Tag, da wir am Abend viel zu lange aufbleiben. Aber es ist auch Chillen pur, wenn wir in unseren Betten liegen, jeder auf seiner Seite und im Internet surfen, quatschen und Musik hören. Sowieso fühlt es sich an, als ob ich eine Zwillingsschwester gefunden habe. Wir verbringen sozusagen vierundzwanzig Stunden am Tag zusammen, denn auch in der Freizeit treffen wir uns immer mit den gleichen Freunden. Von den Leuten in der Schule werden wir angesprochen, ob wir denn wirklich Schwestern seien, beide blond, blauäugig und europäisch gekleidet. Wir haben unseren eigenen Humor, den leider niemand außer uns besonders lustig findet. Dafür kugeln *wir* uns stundenlang auf dem Rücken wegen eines dummen Witzes oder einer lustigen Kleinigkeit.

Ein Blick genügt, und ich weiß genau, was in Linas Kopf vorgeht, wenn Megan wieder mal ein Drama macht wegen eines Apfels im Gemüsefach. Wegen solcher Kleinigkeiten haben wir ständig Stress mit unseren Gasteltern, die sowieso ziemlich am Ende ihrer Kräfte sind. Es scheint, als ob sie genug eigene Probleme haben. Auch wenn wir strikt Englisch sprechen, ist es manchmal gut für alle Beteiligten, auf Deutsch etwas Dampf abzulassen.

Mit dem *French Club* machen wir unsere erste Exkursion nach Dallas ins Kunstmuseum. Ich bin begeistert, als ich das erste Mal mit dem gelben Schulbus fahren kann. In der Schweiz werde ich immer von meinem Vater in verschiedene Kunstmuseen geschleppt. Nach so einer langen Zeit auf Kunstentzug freue ich mich sehr auf das Museum. Denn das Einzige, was ich in den letzten Monaten an „Kultur" hatte, war eine *Mud-Truck-Show*, bei der Jeeps im Matsch herumfahren. Das ist zwar irgendwie cool anzusehen, aber ich habe fast vergessen, wie inspirierend eine Kunstausstellung sein kann. Die Französischkenntnisse der Lehrerin sind zwar nicht gerade riesig, aber dafür kennt sie das einzige französische Restaurant hier in der Nähe. Dort gehen wir auch zum Lunch und lassen uns die amerikanische Interpretation von französischem Essen schmecken.

Christmas

Es regnet in Texas. Ich bevorzuge zwar Schnee an Weihnachten, aber man muss seine Erwartungen dem lokalen Klima anpassen. Kurz vor Weihnachten sind wir zu Kellys Weihnachtsparty eingeladen. Kelly kommt aus Puerto Rico und die Südamerikaner sind bekannt für ihre lustigen Salsa-Tanzpartys. Um die Erlaubnis von unseren Gasteltern zu bekommen, müssen wir sämtliche Telefonnummern der Eltern von Kelly angeben. Ist das geschafft, ist die schwierigste Frage: Was ziehe ich an? Da haben Lina und ich das Glück, dass wir einen doppelten Kleiderschrank zur Verfügung haben, und uns gegenseitig Kleider ausleihen können. Leider haben die Kleider meistens einen Fleck, wenn ich sie zurückbekomme, aber da wir uns ja wie Schwestern fühlen, schimpfe ich dann eben auch einfach mal los und beklage mich.

Als wir bei Kellys Haus ankommen, fällt uns auf, dass wir die Einzigen sind, die nicht südamerikanischer Abstammung sind. Es laufen heiße südamerikanische Rhythmen wie beim Karneval in Rio und ziemlich bald steht die ganze Gesellschaft auf der Tanzfläche. Die Stimmung ist ausgelassen und fröhlich. Durch die herzliche Art der Gastgeber fühlen wir uns keineswegs ausgeschlossen. Hier geht eine Riesenfete ab, ohne auch nur einen Tropfen Alkohol. Davon können sich die Europäer ein großes Stück abschneiden!

Da Lina und ich nicht gerade Profis im Salsatanzen sind, setzen wir uns zuerst etwas abseits auf eine Couch und schauen den schnellen Tänzern auf der Tanzfläche zu, hoffend dass uns niemand bemerkt. Die Südamerikaner haben einen beeindruckenden Hüftschwung. Doch dann kommt einer der Freunde von Kelly und fordert mich zum Tanzen auf. Ich suche zwanghaft nach einer guten Ausrede, aber es gibt kein Pardon und schon bald werde ich auf der Tanzfläche herumgewirbelt, ohne zu wissen, wie mir geschieht. Als Frau hat man das Glück, dass der Mann die Führung übernimmt, man muss nur mitgehen. Ich kann nur sagen, es macht riesigen Spaß. Lina, zu feige um selbst die Tanzfläche aufzumischen, nimmt mich stattdessen auf Video auf, wie ich meine ersten Salsaversuche mache. Über dieses Video haben wir uns nachher noch einige Male schiefgelacht, aber dafür kann ich jetzt Salsa tanzen. Als Austauschschüler muss man sich nicht zieren, alles auszuprobieren. Denn egal, wie dumm man sich anstellt, in einem Jahr ist man sowieso wieder am anderen Ende des Planeten.

Langsam trudelt die ganze Ferienpost ein. Briefe und Pakete von Familie und Freunden aus der Schweiz. Im Zeitalter von

E-Mail und Facebook-Nachrichten schätzt man so eine physische Nachricht doppelt. Vor allem auch die handgeschriebenen Zeilen meiner Geschwister. Lina und ich sind schon voll im Teufelskreis der Faulheit drin und machen nicht viel mehr als herumzuhängen und uns den Bauch mit Schweizer Weihnachtspralinen vollzuschlagen. Trotzdem kann ich sagen: „I love America like a fat kid loves cake."

Am nächsten Tag stürmt Alice um sechs Uhr morgens ins Zimmer und schreit: „Wake up, girls, Santa was here and he brought you a bottle of wine!" Völlig verschlafen schleppe ich mich ins Wohnzimmer, Lina ist nur mit Gewalt aus dem Bett zu kriegen. Schlaftrunken sitzen auch meine Gasteltern auf der Couch. Tatsächlich hat mir Santa Claus eine Flasche Wein gebracht. Unsere *stockings*, die Weihnachtssocken, die wir am Abend zuvor an den Kamin gehängt haben, quillen beinahe über mit Süßigkeiten und anderen kleinen Geschenken. Die Kinder stürzen sich auf den Geschenkehaufen, obwohl wir heute erst den zweiundzwanzigsten Dezember haben. Normalerweise kommt Santa Claus erst am Morgen des fünfundzwanzigsten Dezembers, aber ich glaube bei meiner Gastfamilie waren es nicht nur die Kinder, die die Bescherung nicht mehr erwarten konnten. Es geht nicht lange und die Kinder stürzen sich auch auf die Geschenke unter dem Weihnachtsbaum. Im Affenzahn packen sie eines der mühevoll verpackten Pakete nach dem anderen aus. Was für wen ist, spielt dabei keine große Rolle. So kommt ein iPhone für Jason zum Vorschein, neben zahlreichen Videogames, und unter anderem ein iPad für die kleine Alice. Bei uns zu Hause gilt die Regel, zuerst werden mindestens fünf Weihnachtslieder gesungen, bevor die Bescherung losgeht, aber hier geht das alles ein wenig schneller vor sich. Sehr feierlich ist die Zeremonie nicht, aber lieb, wie unsere Gasteltern auch an uns gedacht haben. Auch die Geschenke von unseren Schweizer und Berliner Eltern kommen gut an. Ich will diese Pakete eigentlich aufsparen bis zum Heiligen Abend, aber meine Gastmutter kann es dann doch nicht erwarten. Sogar Lebkuchen und Marzipan fehlen nicht, da haben unsere Verwandten vorgesorgt.

Immer noch im Pyjama geht es dann an die Vorbereitungen für die Gäste. Käseplatten und Chips und Dips werden gerichtet. Ich mache sogar eine traditionelle Schokoladenmousse nach dem Rezept meiner Oma. Lina ist nicht so die erfahrene Küchenfee und kümmert sich mehr um die anderen Dinge. Ein kleines, weihnachtliches Wunder passiert, als wir uns einen Kaffee bei *Starbucks* holen gehen. Das Auto vor uns im Drive-in zahlt und übernimmt die Hälfte unserer Bestellung. Es scheint, als ob Weihnachten im Kern doch noch das Fest der Nächstenliebe ist.

Als die Familie kommt, sind wir bereit und der Aperitif ist angerichtet. Die Großeltern und die beiden Brüder von Jeremy mit Begleitung schneien herein. Die Frauen gehen erst einmal alle zusammen zur Maniküre. Das ist etwas Neues für mich, an Weihnachten ins *nail studio* zu gehen.

Lina und ich unterhalten uns gut mit dem gleichaltrigen Cousin Daniel, über dessen breiten Südstaatlerakzent wir uns prächtig amüsieren. Allerdings führt er aber auch zu Verständnis-Schwierigkeiten, vor allem als wir ein wenig über Politik und Weltansichten diskutieren. Er ist das Gegenteil eines Demokraten und ist der festen Überzeugung, Amerika scheitere an all den egoistischen Leuten. Immer spannend, neue Meinungen zu hören. Am meisten ärgert ihn, dass unsere Gasteltern Lina und mich trinken lassen, ihn aber nicht. Auch wenn es gegen die Regeln ist, wollen sie die coolen Gasteltern sein und fragen uns, ob wir nicht auch einen alkoholischen Drink wollen. Das lassen wir uns natürlich nicht zweimal sagen. Lina nippt an ihrem Drink und meint, sie schmecke da gar keinen Alkohol, ob sie vielleicht noch ein wenig mehr Wodka haben dürfe. Jeremy läuft mit seinen quietschenden Turnschuhen zum Kühlschrank und holt die

Flasche raus. Lina und ich werfen uns einen belustigten Blick zu, denn so geht es weiter, bis Lina leicht angeheitert ist und ich auch nicht mehr klar denken kann. Jedenfalls wird der Abend so noch um einiges lustiger. Daniel versucht mehrmals, sich mein Glas zu schnappen, was aber nie unbemerkt bleibt und ihm einen Tadel seines Vater einbringt. Lina ist plötzlich sehr gesprächig und erzählt einer Tante ihren Lebensplan in allen Details.

Dann gibt es wieder eine Bescherung. Nicht gerade feierlich, wie wir nun ja bereits wissen, dafür mit umso mehr Geschenken. Die Großmutter schlägt alle mit ihren Säcken voller Geschenke, mit denen sie angereist ist. Sie wird schon der *gifter* (Schenker) genannt, weil sie immer für jeden das perfekte Geschenk hat. Ich bekomme eine schöne Halskette. Auch die Kinder werden wieder reichlich beschenkt. Am Ende sieht es im Wohnzimmer aus, als hätte eine Bombe eingeschlagen. Um all das Geschenkpapier zu entsorgen, brauchen wir einen Container vor der Haustür. Jetzt haben wir schon alle Geschenke ausgepackt, aber Weihnachtsplätzchen haben wir noch immer nicht gebacken.

Am Abend werden überall im Haus Schlafstätten eingerichtet. Zum Glück ist das Haus so groß, dass auch am nächsten Morgen alle Gäste an den Frühstückstisch passen. Das eigentliche Weihnachtsessen gibt es erst heute Mittag. Riesige T-Bone-Steaks in texanischer Größe werden gebraten. Jeremy holt sogar seine elektrische Fleischsäge heraus, um den riesigen Fleischlappen zu bearbeiten. Als Vegetarierin quält man mich natürlich besonders gerne und so versucht mich mein Gastvater mit dem rohen Fleisch zu erschrecken – was ihm auch gelingt. Dazu wird ein traditioneller Käsemakkaroni-Eintopf gekocht und frische Brötchen werden dazu gereicht. Meine Schokoladenmousse ist auch hervorragend gelungen. Doch man muss wissen, was der Texaner nicht kennt, das isst er nicht. Und so versuche ich gar nicht erst, sie ihnen schmackhaft zu machen – Lina aber findet sie lecker.

Schlussendlich darf ich doch noch Weihnachtsplätzchen backen, was ich nachher aber schwer bereue. Die sogenannten *sugar cookies* werden mit farbigem Guss und vielen Dekorationen verziert, bis sie so typisch amerikanisch aussehen, wie man sie sich vorstellt. Alle Kinder wollen mithelfen und natürlich ist bald der ganze Boden mit kunterbunten Streuseln übersät. Aber den Kindern ist der Spaß an den farbigen Mündern und den grinsenden Gesichtern anzusehen.

Am vierundzwanzigsten Dezember, wenn die eigentlichen Festtage überhaupt erst beginnen, sind wir mit allen Feierlichkeiten schon durch. Nicht ein einziges unausgepacktes Geschenk ist übrig. So falle ich in ein mitteltiefes Loch, als ich am nächsten Morgen erwache. Die Sonne scheint ins Zimmer und ich kann schon den Staubsauger von meiner Gastmutter hören. Sie scheint wieder vom Putzfimmel befallen worden zu sein. Das ist das unweihnachtlichste Geräusch, das ich jemals am vierundzwanzigsten gehört habe. Um aus meiner Krise etwas herauszukommen, gehe ich joggen – und das mit kurzen Hosen. Was für ein unkonventioneller Heiliger Abend. Das Skypen mit meiner Familie ist nicht so eine tolle Idee. Sie sitzen alle gemütlich zusammen im Wohnzimmer mit dem traditionellen Weihnachtsessen auf dem Tisch. Da kann ich mein Heimweh nicht mehr leugnen und meine Tränen fließen. Weihnachten ist ein Familienfest, das man auf die Weise feiern möchte, wie man es als Kind schon immer erlebt hat. Der Geruch des Tannenbaums und des Weihnachtsschinkens im Ofen gehört für mich genauso dazu, wie das endlose Weihnachtsliedersingen, um sich die Bescherung richtig zu verdienen.

Am Abend packen wir unsere Sachen ins Auto und machen uns bereit für ein paar Familienbesuche in Louisiana. Das heißt:

Ladekabel fürs Handy auf keinen Fall vergessen. Denn, wie ich schon in Erfahrung gebracht habe, gibt es in Louisiana nicht viel mehr als Tankstellen, Straßen und Wälder. Den ersten Besuch statten wir den Urgroßeltern ab. Nachdem wir Mittagessen (für mich gab es Rührei) für sie gekocht haben, erzählt der Urgroßvater wieder alte Geschichten über die Zeit, als er Deutschland besucht hat. Er holt seine Fotoalben raus und blüht richtig auf, als er sogar noch ein antikes McDonald's-Menü auf Deutsch findet.

Den Rest des Nachmittages verbringen wir auf der Couch und beschäftigen uns mit unseren Handys. Denn viel mehr gibt es hier nicht zu tun. Aus lauter Langeweile fangen Megan, Lina und ich sogar an, uns gegenseitig Nachrichten zu schreiben. Zum Abendessen geht es weiter zu Jeremys Mutter, die in einem Trailer wohnt. Das sind sogenannte „Barackenhäuser" oder Container, die innen aussehen wie eine normale Wohnung, aber viel billiger und mit einem Lastwagen transportierbar sind. Eine günstige Alternative zum Wohnen. Sie macht ihre berühmten Brötchen und mal wieder Rührei. In der Küche wird ständig geraucht, und die schlechte Luft lässt Lina speiübel werden. Sie fühlt sich den Rest des Abends ziemlich benebelt, was vielleicht auch am vielen Rumsitzen liegt.

Am späten Abend fahren wir Richtung Texas zurück, denn das eigentliche Ferienziel für den kurzen Trip ist San Antonio in Texas. Aber auf dem Weg dahin checken wir in ein Hotel ein, um wenigstens ein bisschen Schlaf zu bekommen.

Ich weiß nicht, wie lange wir geschlafen haben, aber bestimmt nicht länger als drei Stunden, als der Feueralarm losgeht. Ich schrecke hoch und probiere, Lina zu wecken. Das ist gar nicht so einfach, sie jammert herum, ich solle sie doch gefälligst schlafen lassen. Doch als sie den Ernst der Lage kapiert, schießt sie hoch und rennt beinahe aus dem Zimmer. „Wir müssen raus hier! Schnell!", drängelt sie völlig verwirrt und verängstigt. Ich klopfe am Zimmer unserer Gasteltern, doch die Gastmutter will mit den Kindern nicht nach draußen kommen. Lina ist nicht mehr zu halten und zieht mich mit sich. Ich schaue zwischen Lina und meiner Gastmutter hin und her, und laufe dann achselzuckend mit Lina nach draußen. Im Flur kommt uns ein Feuerwehrmann entgegengerannt, der fragt, ob wir einen Mann gesehen hätten, der nach oben gerannt sei. Das beunruhigt uns noch mehr, da vor Kurzem ein Amoklauf in einer amerikanischen Schule geschehen ist, und seither jeder immer vom Schlimmsten ausgeht. Vor dem Notausgang haben sich schon viele Leute versammelt, um nicht in der eisigen Kälte warten zu müssen. Als sich herausstellt, dass alles nur ein Fehlalarm war und wir zurück in unser Zimmer dürfen, merken wir, dass wir wie aufgescheuchte Hühner ohne Schlüssel oder Handy aus dem Zimmer geflüchtet sind, und uns ausgeschlossen haben. Unsere Gasteltern antworten nicht, als wir an ihrer Zimmertür klopfen. Na toll, müssen wir jetzt die Nacht auf dem Gang verbringen? Zum Glück lässt uns eine schwangere Frau ihr Telefon benutzen, und so sind wir bald wieder im Zimmer. Es stellt sich später heraus, dass unsere Gasteltern noch immer mit den Kindern im Auto sitzen und abwarten. Der Schrecken steckt uns in den Knochen, als wir uns endlich wieder auf unserer engen Schlafcouch Rücken an Rücken hinlegen.

Als wir am nächsten Morgen mit der Gastfamilie ins Auto steigen, herrscht eisige Stimmung. Die Gasteltern sind wütend auf uns und meinen, wir hätten keine Rücksicht auf sie genommen, und seien einfach aus dem Zimmer gelaufen. Das zeige, wie wenig sie uns bedeuten würden. Habe ich schon erwähnt, dass unser Gastvater die größte *drama queen* ist, die ich kenne? Jedenfalls macht er wieder ein riesiges Drama um die Sache, obwohl wir ja gefragt hatten, ob sie mitkämen, und sie vorgezogen hatten, im Zimmer zu bleiben. Aber, wie erwähnt, Diskussionen mit den Gasteltern führen zu nichts, da erträgt man besser die Strafzeit mit eisigem Schweigen.

Mittags gibt es einen Zwischenhalt in Houston, der viertgrößten Stadt Amerikas. Durchs Autofenster bestaunen wir die großen Hochhäuser und die vielen Autos überall. Die kleine Alice lockert die Stimmung ein wenig auf, als sie ihrer Mutter gesteht, dass sie gestern hinten auf dem Rücksitz erbrochen hat. Und die Kleine erzählt uns erst jetzt davon. Nach diesem kleinen Zwischenfall fahren wir aber wirklich auf direktem Weg Richtung San Antonio.

San Antonio, die älteste Stadt in Texas, ist die amerikanische Ausgabe von Venedig. Die Stadt ist berühmt für den *Riverwalk*. Das ist eine Flusspromenade entlang des San Antonio Rivers, die mitten durch die Altstadt führt. Die Altstadt ist ziemlich alt für amerikanische Verhältnisse. Der Bau geht auf die Zwanzigerjahre des neunzehnten Jahrhunderts zurück. Das alles sieht sehr europäisch aus, denn man kann zu Fuß am Fluss entlang flanieren und in die vielen kleinen Läden hineinschauen. Aber natürlich muss man das alles auch mit vielen Touristen teilen, und so sind die kleinen Restaurants und Cafés völlig überfüllt.

Wir sind in einem coolen Hotel mit Blick auf den *Riverwalk* untergebracht. Kaum betreten wir die Hotellobby kommt uns eine ganze Footballmannschaft entgegen. Die *Oregon Beavers* sind wegen eines Ausscheidungsspiels in der Stadt, was Lina und mir natürlich gefällt. Wir wollen beide unbedingt ein Erinnerungsfoto schießen mit den durchtrainierten Sportlern. Aber so direkt zu fragen, ist uns dann doch zu peinlich. Schlussendlich spricht unsere Gastmutter zwei Spieler an, ob sie doch so nett wären, auf ein Foto mit ihren zwei Austauschschülerinnen zu kommen. Leider waren es nicht gerade die hübschesten, aber immerhin, unser Erinnerungsfoto haben wir jetzt.

Als ich kurz meine Neuigkeiten auf Facebook checke, vernehme ich, dass es zu Hause in Texas doch tatsächlich gerade schneit. Das ist doch wie verhext, sind wir aus der Stadt, kriegen wenigstens unsere Freunde noch weiße Weihnachten. Doch San Antonio hat durchaus seine Reize. So gehen wir mit der ganzen Familie einmal mehr in ein mexikanisches Restaurant. Hungrig rein und pappsatt raus, so geht das. Nach so einer üppigen Mahlzeit finde ich wieder niemanden, der mit mir noch auf einen Verdauungsspaziergang gehen möchte.

In dem coolen Hotel teilen wir uns alle zusammen ein Zimmer. Als Lina und ich noch schlafen, macht unser Gastvater ein Foto von uns. Man muss schon sagen, manchmal kommt er auf komische Ideen. Ich werde nicht gerne fotografiert, während ich schlafe, denn was weiß ich, wie ich da aussehe …

Sechs Personen und ein Badezimmer – das bedeutet Warteschlangen und viel Geduld. Als wir dann endlich alle bereit sind, gehen wir den Alamo anschauen. Der Alamo ist eine alte Mission aus dem siebzehnten Jahrhundert für Missionare aus aller Welt und für missionierte Indianer. Etwas später, um 1836, spielte sich hier auch der Revolutionskrieg ab, und Texas wurde als unabhängige Republik deklariert. Ein geschichtsträchtiger Ort, den man bis heute besuchen kann. Der Alamo, ein altes kirchenartiges Gebäude, steht noch und man kann die Geschichte förmlich riechen in dem moosigen alten Gemäuer.

Auf dem Weg nach Hause ist jeder wieder mit seinem eigenen technischen Gerät beschäftig. Jeremy hört lautstark Eminem, während er über die fadengerade Autobahn heimwärts brettert. Die nächsten Tage verbringen wir gemütlich zu Hause und verschlafen die halben Tage, da wir sowieso nicht viel Schlaues zu tun haben.

Heute Morgen werden wir mit dem Duft von frischem Omelette geweckt. Oder besser gesagt, unsere Gastmutter probiert eine neue Strategie aus, um uns früher aus dem Nest zu locken. Sie hat auf jeden Fall Erfolg. Denn dafür, dass wir die letzten Tage vor allem abgehangen haben, was auch eine gute Erfahrung für jeden Austauschschüler in Amerika ist, sind wir doch ziemlich müde. Doch auch das Gefühl der Langeweile kann durchaus inspirierend sein. Wenn man das Gefühl hat, die Decke falle einem auf den Kopf, fange selbst ich an, mir kreative Nageldesigns auf die Nägel zu malen.

Doch am Mittag holen uns Freunde ab, die schon im College sind. Sie wollen uns auf ihrem Campus herumführen. Mit dabei ist auch Lukas, der im letzten Jahr Austauschschüler in Keller war, und nun in den Weihnachtsferien hier zu Besuch ist. Auch er kommt aus Deutschland, wie Lina, sodass wir zum ersten Mal wieder richtig auf Deutsch quasseln können.

Viele amerikanischen Kinder können es kaum erwarten, aus der Highschool mit all ihren Dramen und Zickereien zu entkommen. Denn die Gerüchteküche brodelt und Geschichten kursieren, auch wenn die Schülerschaft um die dreitausend Schüler beträgt. Beste Freundinnen, die sich gegenseitig den Freund ausspannen, oder Schlägereien und Rivalitäten im Umkleideraum. All diese Kindereien lässt man hinter sich, wenn man ans College wechselt. So erzählt es uns jedenfalls Christian. Er selbst geht hier aufs College und studiert Architektur.

Ohne College hat man es schwer in Amerika. Es ist nicht unbedingt gleichzustellen mit den Universitäten in Europa, denn in den USA macht man in den ersten zwei Collegejahren noch seine Basics, die wir schon vor dem Abitur gemacht haben. Unser Englischlehrer predigt uns immer, wenn wir nicht als Burgerbrater bei *McDonald's* landen wollen, dann müssen wir aufs College gehen. Trotzdem scheint das nicht zu reichen, denn viele Mitschüler strengen sich gar nicht an in der Schule, als ob ihnen ihre Zukunft total egal wäre. Wenn mich dann solche Leute fragen, warum ich ein Austauschjahr mache, und sie dann noch erfahren, dass ich dieses Auslandsjahr schulisch zu Hause wiederholen muss, verstehen sie die Welt nicht mehr. Wie kann man nur freiwillig seine Schulzeit um ein Jahr verlängern?

Ein College-Besuch ist sehr teuer. Man muss mit Studienkosten von fünf- bis dreißigtausend Dollar pro Jahr rechnen. Dazu kommen dann noch die Unterhaltskosten. Viele Eltern fangen schon früh damit an, für die Ausbildung ihrer Kinder zu sparen. Auch gibt es unzählige Stipendien vom Staat für alles und jeden, vor allem für die einkommensschwachen Schichten und Immigranten. Es gibt Stipendien für Linkshänder, Stipendien für Leute mit afroamerikanischem Hintergrund und natürlich viele Sportstipendien. Denn die Colleges suchen immer gute Basketballspieler oder Footballer, die für ihre Schule spielen. Darum kann man sich eine ganze Schulkarriere finanzieren, auch mit den schlechtesten Noten, wenn man ein Sporttalent ist. So einfach ist es aber nicht immer. Unser Freund John hat sich um so viele Stipendien beworben und nur Absagen bekommen. Seine Eltern haben es auch verpasst, rechtzeitig mit dem Sparen anzufangen. So muss er selbst einen Kredit aufnehmen für seine Ausbildung.

Auf dem Rückweg vom College nach Hause, machen wir wieder einmal Party. Das heißt, die Musik wird laut aufgedreht und es wird getanzt, so gut es halt geht auf den Autositzen. Ich bekomme schon die ganze Zeit Neujahrswünsche von meinen Freunden aus der Schweiz, die schon in das neue Jahr gerutscht sind. Seltsam, mit sieben Stunden Zeitunterschied befinden wir uns noch im alten Jahr, während in Europa schon das Feuerwerk zum Neujahrsbeginn abgeht. Es ist das erste Mal, dass ich wirklich das Gefühl habe, etwas zu verpassen. Silvester wird mit der Gastfamilie gefeiert. Wobei von Feiern kaum die Rede sein kann, denn wir verbringen den letzten Abend dieses Jahres wie tote Fliegen auf der Couch vor dem Fernseher. Wir schauen dem Times Square

Ball in New York zu, wie er zum neuen Jahr vom Dach des New Yorker Wolkenkratzers One Times Square dreiundzwanzig Meter an einer Stange heruntergelassen wird. Wie gerne wäre ich jetzt in New York! Nach und nach fallen alle in den Schlaf und kurz vor Mitternacht bin ich die Einzige, die noch wach ist. Ich will nicht sagen, es ist eine deprimierende Silvesterparty, aber auf jeden Fall ziemlich ungewohnt. Ich rüttle Lina wach, sodass ich wenigstens jemanden umarmen kann zum Start in das neue Jahr. Auch wenn es banal beginnt, wird es ein tolles Jahr werden.

Neue Gastfamilie

Die nächsten Tage sind durchzogen von kleineren Auseinandersetzungen mit unseren Gasteltern und vor allem auch zwischen unseren Gasteltern. Wir kommen uns vor, als würden *wir* die Eheprobleme unserer Gasteltern verschlimmern. Vielleicht ist es auch mit dem Tief nach dem Weihnachtszauber verbunden, aber mein Heimweh lässt sich auch nicht mehr durch Skypen mit meiner Familie zu Hause bessern. Lina scheint es ähnlich zu gehen, hält sie die ruhigen Tage ohne was zu tun auch kaum mehr aus. Als uns dann Olivia rettet und uns mit dem Auto abholt, sind wir einfach froh, mal aus dem Haus zu kommen. Und immer, wenn man es nicht erwartet, entsteht das Programm wie von alleine. Ich kann nur sagen: „What I learnt about life? That it always goes on." So lädt der deutsche Lukas uns auch noch ins Kino ein. Jetzt, wo wir alle einen tollen amerikanischen, hoffentlich nicht allzu texanischen, Akzent zu bieten haben, macht es doppelt Spaß, sich über den deutschen Akzent lustig zu machen, den wir alle anfangs hatten. Aus „together driven" wird „tugeser driwen". Lustig ist es auch, deutsche Redewendungen einfach eins zu eins ins Englische zu übertragen: „I break together", einer unserer liebsten Insider-Gags, die sich nicht so einfach übersetzen lassen.

Lukas bringt neuen Wind in unsere Gedankenwelt! Er ist der

Überzeugung, dass manchmal ein Gastfamilienwechsel das Beste sei. Denn es handle sich schließlich um *das* Jahr unseres Lebens, das wir in vollen Zügen genießen sollten, statt uns auf dünnem Eis zu bewegen, in ständiger Angst, im amerikanischen Zuhause durch eine unbedachte Äußerung irgendein Drama auszulösen. Das sind schwere Argumente, die uns zu denken geben. Bis dato hatten Lina und ich immer wieder versucht, uns gegenseitig aufzubauen und auf das Positive hinzuweisen. Aber jetzt ist es an der Zeit, mal ehrlich miteinander und vor allem zu sich selbst zu sein. Der ständige Stress im Haus der Gastfamilie setzt mir persönlich ziemlich zu und das Leben ohne jegliche Privatsphäre ist anstrengend. Als Teenager ist man gewohnt, einen gewissen Rückzugsraum zu haben, doch wir dürfen nicht mal unsere Zimmertür in der Nacht schließen.

Was mich jedoch am meisten stresst, ist, dass keine Kommunikation auf der zwischenmenschlichen Ebene stattfindet. Wenn es Probleme gibt oder wir etwas falsch gemacht haben, dann wird uns das nicht einfach gesagt, sondern wir bekommen eine halbe Stunde später eine Textnachricht, wenn wir im Zimmer sind oder in der Schule sitzen und sowieso nichts mehr ändern können. Warum kann man das nicht persönlich sagen? Das ist sicher auch zum Teil Problem einer iPhone-Generation, die vor allem in Amerika heranwächst.

Mit Shoppen kann man sich bestens ablenken von dem Stress zu Hause. Amber packt uns also ins Auto und wir fahren zum nächstgelegenen Shoppingcenter, das nicht mehr als zwanzig Minuten vom Haus entfernt ist. Das ist ein Katzensprung für amerikanische Verhältnisse. Aber zu Stoßzeiten kann sich die Fahrzeit schon verdreifachen und das kostet auch Nerven. Da gibt es nichts Besseres, als die Musik laut aufzudrehen und eine Autoparty zu veranstalten.

Als wir nach Hause kommen, erwartet uns schon eine wütende Gastmutter, die meint, es sei nicht abgemacht gewesen, dass wir auswärts zu Abend essen. Sie habe eine Suppe gekocht. Natürlich sind nicht wir der Hauptgrund für ihre miese Laune, unser Gastvater ist wieder einmal lange in der Arbeit, und auch er wird sich auf dem Heimweg Fast Food gönnen und kaum seine Suppe zu Hause löffeln. Um keinen Streit zu starten, essen wir je einen vollen Teller Suppe und loben Megan ausgiebig, aber das scheint nicht zu reichen. Wir haben Hausarrest für die nächsten drei Tage, was unsere Ferienstimmung nicht gerade aufhellt.

Am nächsten Tag ist es dann soweit. Wie erwartet, platzt der Knoten und das große Theater beginnt. Unsere Gastmutter will uns gar nicht mehr rauslassen, um etwas mit Lukas zu unternehmen an seinem letzten Tag und verbietet uns sogar, mit unserer Koordinatorin Kontakt aufzunehmen. Wir halten es in diesem goldenen Käfig nicht mehr aus. Jetzt gibt es nichts anderes mehr, als reinen Tisch zu machen mit den Gasteltern. Das ist nicht einfach. Lina und ich haben in der Vorbereitung mindestens ein Dutzend Listen geschrieben mit Argumenten und Dingen, die uns beschäftigen und die wir so nicht mehr haben wollen. Denn in der Hitze der Diskussion vergesse ich gerne mal alles, was ich sagen möchte. Und meine Tendenz, dass ich niemandem lange böse sein kann, ist auch nicht gerade förderlich in dieser Situation. Zum Glück bin ich nicht alleine. Lina und ich geben uns gegenseitig Halt. In den letzten Wochen sind wir zusammengewachsen wie richtige Schwestern. Wenn man sich lautstark über die Macken des anderen aufregen kann, sich zoffen und danach wieder in Lachen ausbrechen kann, dann hat man wirklich eine Schwester gewonnen. Wir können einander nie lange böse sein, denn weder sie noch ich erinnern uns nach fünf Minuten, ob es jetzt der Lockenstab oder das Chaos im Kleiderschrank war, weshalb wir uns gestritten haben.

So stehen wir auch dieses nicht ganz einfache Gespräch mit

den Gasteltern durch. Doch eine Einigung ist bei Weitem nicht in Sicht und so beschließen wir, dass es das Beste sein wird, wenn wir ausziehen.

Als dann Jessica, unsere Koordinatorin vorfährt, um uns mit Sack und Pack abzuholen, ist es eine Erleichterung, dass wir diesen Schritt gewagt haben. Aber zugleich auch das Schwerste, was ich jemals in meinem Leben gemacht habe. Als ich im Eiltempo unser Zimmer leerräume, laufen mir schon ein paar Tränen über die Wangen. Es hat mir gerade noch gefehlt, dass ich das Schloss meines Reisekoffers nicht mehr aufbringe. Mit aller Kraft und Gewalt versuche ich das Schloss aufzukriegen, doch keine Chance. Wieder einmal eine super Situation, unter den beobachtenden Blicken der aufgebrachten (Ex-)Gasteltern. War es nicht das Geburtsdatum meines verstorbenen Großvaters und Besitzers dieses alten Koffers? Doch in dem ganzen Stress kann ich mich nicht mehr an die Zahlenkombination erinnern. Als ich das dumme Teil endlich aufbekomme, hat Lina schon beinahe alle ihre Schubladen geleert.

Auch wenn es das Beste ist für alle Parteien, ist es trotzdem ein Abschied, der mir vor allem von der kleinen Alice, aber auch vom besserwisserischen Jason schwerfällt. Und ich weiß, dass Alice mich vermissen wird. Wer wird ihr ab jetzt immer den Snack nach der Schule bereitstellen? Doch im Moment heißt es, eisern weiter Einkaufstaschen füllen und alle Fotos von der Wand abmontieren. Lina hat da schon Übung, es ist ja bereits das zweite Mal, dass sie aus einer Familie auszieht. Aber dieses Mal ist sie nicht alleine.

In den vergangenen vier Monaten haben sich so viele Sachen angesammelt, das es mir schwerfällt den Überblick nicht zu behalten. Und Lina scheint es nicht anders zu gehen, füllt sie doch gerade die zehnte Tasche mit Kleidern. In Jessicas Auto sind wir beide fix und fertig, und das nicht nur körperlich vom

Packen, sondern genauso mental. Ich zittere immer noch am ganzen Körper und mein Rücken schmerzt vom vielen Taschenschleppen. Jetzt sind wir offiziell obdachlos – und genauso fühlen wir uns auch, mit unserem Hab und Gut im Gepäckträger. Der ganze Auszug schlaucht mich – und dann fällt mir auch noch ein, dass ich meine ganze Unterwäsche in der untersten Schublade des Schrankes vergessen habe, darunter auch meinen neuesten Victoria's-Secret-BH. Jetzt noch einmal umzudrehen wäre einfach zu viel. Obwohl ich überhaupt nicht in der Stimmung bin, kann ich ein Lachen nicht unterdrücken, denn wie skurril ist denn diese Situation wieder einmal?! Arme Jessica, nun muss sie früher oder später noch einmal vorbeigehen und sagen: „Sorry, ich bin's noch mal, könnte ich noch die Unterwäsche abholen, die sie vergessen haben?"

Homeless

Im Fernsehzimmer in Jessicas Haus sieht es wenig später aus wie im Lager eines Taschengeschäfts. Wir dürfen uns vorübergehend in diesem Raum breitmachen, den wir aber mit ungefähr zehn Katzen teilen müssen. Dazu muss man wissen, dass Jessicas Großfamilie nicht nur aus ihren acht Kindern besteht, von denen noch drei zu Hause wohnen, sondern auch noch einem mexikanischen Austauschschüler und fünf Hunde. Eigentlich ist hier kein Platz für uns. Trotzdem sind wir mehr als dankbar, dass Jessica uns so gastfreundlich aufnimmt.

Es besteht ein Ultimatum von einer Woche, innerhalb derer man eine neue Gastfamilie zu finden hat – ansonsten werden wir nach Hause geschickt. So sind die Regeln. Irgendwie wird schon alles gut werden, versichern wir uns gegenseitig, als wir abends zusammengequetscht auf der Schlafcouch liegen, niesend von all den Katzenhaaren. Zur Krönung spuckt eine der Katzen auch noch direkt hinter unser Bett. Wir sind begeistert …

Am nächsten Tag geht das Leben weiter, und wir müssen zur Schule gehen. Ich schätze mich glücklich, dass ich meine Ordner in dem Taschenchaos finden kann. In der Schule fragen wir überall herum, ob jemand gerne zwei Austauschschüler bei sich aufnehmen möchte. Diese Art von Eigenvermarktung ist nicht so mein Ding, aber in unserer auswegslosen Situation ist es der einzige Weg. Mein Pianolehrer macht eine Durchsage in all seinen Kursen. Aber es ist schwerer als gedacht, denn die Schüler unserer Schule sind alle nicht sehr wohlhabend und vielen ist der Ernst unserer Lage gar nicht bewusst. Alle sagen zwar, sie wollen uns helfen, doch ob jeder dann wirklich nachhakt in seinem Umfeld, da bin ich mir nicht so sicher.

Unser Freund John fragt überall herum an seiner Schule und beruhigt uns: „Don't worry, I'll find you a new family".

Jessica wird zur Lagerköchin, wenn sie für ihre zehnköpfige Familie das Abendessen kocht. Am Tisch hören wir die abenteuerliche Geschichte von Pedro, ihrem Austauschschüler aus Mexiko. Mir bleibt beinahe die Spucke weg bei dem Schauermärchen, das wir da hören. Pedros Familie besitzt ein großes Restaurant. Wie viele wohlhabende Mexikaner wurde auch sein Vater vom Drogenkartell bedroht. Es ging so weit, dass sie eines Tages den Kopf des Geschäftskollegen inklusive Erpresserbrief bekamen.

Die Drogenmafia kommt auch immer näher an die USA heran. Besonders Texas mit seiner langen Grenze nach Mexiko ist bedroht. Als Pedros Cousin, der denselben Namen wie unser Pedro trägt, von der Drogenmafia erschossen wurde, schickten Pedros Eltern ihren Sohn als Austauschschüler in die USA, weil eindeutig klar war, dass dieser Mord ihm gegolten hatte. Da es aber mit mexikanischem Pass schwer ist, ein amerikanisches Visum zu bekommen, hat ihn Jessica kurzerhand auf dem Papier adoptiert, um den lästigen Behördenkram zu umgehen.

New Family

Schon bald trudelt die erste Wohnmöglichkeit ein. Eine große Auswahl haben wir nicht. Und es ist klar, dass Jessica uns auch so schnell wie möglich wieder aus dem Hause haben möchte. Darum geht es auf einmal ganz schnell und dem Campieren auf der Couch wird ein Ende gesetzt.

Mrs. Miller, eine Lehrerin an unserer Schule, hat erfahren, dass wir noch ein Plätzchen suchen, und sich bereit erklärt, uns aufzunehmen. Ihre drei Söhne gehen schon zum College und darum hat sie Räume leerstehen, die wir beziehen können. Zu Hause ist nur noch Isabel, die Tochter, sie ist gleich alt wie wir, und Mrs. Millers Ehemann. Lina und ich sind hin und her gerissen und wissen nicht, ob wir uns jetzt freuen sollen oder nicht. Aber, wie immer, gehen wir ganz positiv an die Sache heran und hoffen, dass die nächsten Monate noch richtig toll und erfahrungsreich werden. Letzteres traf ohne Zweifel ein.

Noch bevor wir am neuen Ort einziehen, nehmen wir über Facebook mit dem ehemaligen Austauschschüler der Familie, Phillipp, Kontakt auf. Wir erfahren, dass klare Regeln herrschen im Hause Miller.

Das Treffen mit der neuen Gastfamilie geht schnell. Sie zeigen uns das Haus und unsere Zimmer. Lina und ich haben jetzt wieder jede einen eigenen Raum. Doch dort einziehen können wir erst, wenn die Brüder zurück ins Studentenwohnheim gehen, also nach den Weihnachtsferien. So ziehen wir praktisch von Provisorium zu Provisorium. Nur, dass das Nähzimmer nicht voller Katzenhaare, dafür umso staubiger ist. Doch, wie man so schön sagt: Wir sind ja unkompliziert und froh, dass wir eine neue Gastfamilie gefunden haben. Das erste Abendessen mit der Familie verläuft friedlich, auch wenn es für mich als Vegetarierin nur eine Ofenkartoffel gibt. Der Gastvater hat ein halbes Jahr in Österreich verbracht als er jung war. Deshalb versteht er ein wenig Deutsch, was gut zu wissen ist. Denn so müssen wir uns in Zukunft auch mit deutschen Flüchen zurückhalten. Phillipp, der frühere Austauschschüler der Millers, hat uns eine lustige Geschichte erzählt: Er bekam einmal zwei Wochen lang Hausarrest, da er die Gastmutter Sklaventreiberin genannt und der Gastvater es leider auch verstanden hat.

Ab jetzt werden wir auch immer mit der Familie zur Kirche gehen. Diese Erfahrung hatten wir bis jetzt noch nicht, darum sehe ich dieser neuen Erfahrung freudig entgegen, auch wenn ich gerne mal an einem Sonntagmorgen ausschlafen würde.

Unser Wecker läutet am nächsten Morgen schon um sieben und wir schlüpfen in unsere Sonntagskleidchen für die Kirche. Doch die Kirche, zu der wir fahren, ist nicht mit einer katholischen oder reformierten Kirche zu vergleichen, die wir so kennen. Es ist mehr wie ein Treffpunkt für die ganze Gemeinde mit eingebauter Turnhalle für die Kinder und einer Küche. Nach Altersgruppen teilen wir uns auf. So gehen unsere Gasteltern zur Bibelklasse für Eheleute (nach Geschlechtern getrennt) und wir gehen zur Jugendbibelstunde. Dort gibt es erst einmal ein Frühstück für alle. Die Leute scheinen sich alle zu kennen.

In der anschließenden Stunde lernen wir etwas über Parabeln. Auch wenn ich nicht so religiös bin, kann ich da auf jeden Fall etwas für den Englischunterricht mitnehmen. Nach dieser Stunde ist aber noch nicht Schluss, danach fängt der eigentliche Gottesdienst erst richtig an, wie Lina und ich etwas enttäuscht feststellen. So ein Gottesdienst erfordert unsere ganze Geduld, denn wir reden hier von einer Dauer von zwei Stunden, in der man still zu sitzen und der Predigt zu lauschen hat. Da bewundere ich wirklich alle kleinen Kinder, die sich so ruhig verhalten. Ich war schon immer ein Zappelphilipp, und darum schaue ich mindestens alle fünf Minuten auf die Uhr. Vom vielen Kopfsenken beim Beten habe ich schon fast eine Genickstarre bekommen.

Doch man kann eine solche Kirchengemeinschaft nicht nur auf das Religiöse reduzieren. Für viele spielt sich das komplette soziale Leben hier ab. Man geht zur Kirche, um gesehen zu werden und Leute zu treffen. Kontakte werden geknüpft und Small Talk gehört auf die Tagesordnung. Ich glaube, da man sich in den weitläufigen Städten der USA nicht so schnell mal beim Einkaufen trifft, oder die Kinder zur gleichen Schule gehen, wird die Kirche zu einem Treffpunkt. Aber umso wichtiger ist auch, dass man sich religiös korrekt verhält, und seinen guten Ruf wahrt. Denn die Gerüchteküche brodelt auch in der Kirchengemeinde. So ist es wichtig, dass man genug an die Kirche spendet, keine Gottesdienste verpasst, und am besten noch einen Posten als Prediger oder sonst was in der Gemeinde ergattert. Lina und ich werfen uns einen Blick zu, wir beide sind froh, dass wir uns für schlichte Hosen statt kurzer Shorts oder Röcken entschieden haben.

Zurück zu Hause beim Mittagessen gibt es wieder Kartoffeln, denn alles andere als Fleisch sei nur Beilage, erklärt mir mein Gastbruder. Unsere neue Gastmutter, Frida, eröffnet uns, dass es heute Abend gleich noch einmal zur Kirche gehe, dieses Mal zu einer Jugendgruppe. Ein vielsagender Blick von Lina genügt mir, um zu wissen, dass sie dazu genauso wenig Lust hat wie ich. Doch wir beide bringen ein mehr oder weniger begeistertes Nicken zustande. Innerlich denke ich mir nur, wie um alles in der Welt hält das Isabel nur aus, so viel Zeit in der Kirche zu verbringen? Und die noch größere Frage, wie werden *wir* das die nächsten Monate durchstehen? Zurück in meinem Zimmer treffen Lina und ich uns zu einer kurzen Krisenbesprechung, doch viel Schlaues kommt dabei nicht heraus, denn da gibt es nichts, als die guten, gläubigen Töchter zu spielen und mitzugehen.

Die Kirche sendet regelmäßig Missionars-Gruppen aus, und das nicht nur in Drittweltländer, um den Leuten dort von Jesus und ihrer Auslegung der Bibel zu berichten. Ich habe immer gedacht, das Missionieren sei mit den Kreuzzügen im Mittelalter ausgestorben. Aber unsere Gastschwester wird selbst im Sommer an einer einwöchigen Missionsreise nach Honduras teilnehmen, für die ihre sonst sehr sparsamen Eltern gerne viertausend Dollar zahlen. Nachdem ich dies weiß, halte ich mich in der Familie lieber mit kritischen Gedanken zurück, und fange auch keine Diskussionen über nachhaltige Entwicklungsarbeit an. Ich denke mir einmal mehr: Hey, andere Länder, andere Sitten oder eben Weltansichten.

Die Gastmutter setzt uns drei bei dem Einfamilienhaus, oder besser gesagt bei der Villa, ab, wo der Gottesdienst bei einer Familie zu Hause stattfinden wird. Schon als wir zur Tür hereinkommen, sitzen etwa zwanzig Jugendliche auf dem Wohnzimmerboden versammelt. Wenigstens gibt es Pizza, ein kleiner Trost. Sogleich kommt die Mutter und engagierte Gastgeberin zu uns geeilt und drückt jedem einen Pappteller in die Hand. Überfreundlich meint sie, wie froh sie sei, dass wir alle gekommen seien. So gesellen wir uns zu der Menge und sowohl Vater als auch Sohn des Hauses halten beide eine Predigt. Danach schauen wir noch einen Bibelfilm an. Als die Rede auf Homosexualität kommt, rammt mir Lina ihren Ellbogen in die Rippen. Schwule und Lesben, das sei eine Verwirrung, sozusagen eine Krankheit, die sich immer weiter unter den jungen Leuten verbreite, referiert der Vater gerade, und die Jugendlichen in der Menge nicken alle zustimmend. Aber das sei kein Grund zur Sorge, denn man könne das mit viel Gottesglauben heilen. Wow, denke ich, vielleicht ist Texas wirklich etwas hinter dem Mond. Ich muss mich sehr zusammenreißen, um nicht empört zu widersprechen. Doch wozu? Als ob jemand die Meinung einer europäischen Austauschschülerin interessieren würde, geschweige denn, als ob ich ihre Meinung ändern könnte. Darum beschränke ich mich darauf, so fest ich kann, Linas Arm zurückzudrücken. Das ist unser

Geheimzeichen. Super nützlich, wenn man sich unbemerkt oder ohne Worte austauschen möchte. Nicht ohne Grund befindet sich Texas im sogenannten *bible belt,* zusammen mit anderen eher konservativen und religiösen Südstaaten wie Louisiana, Alabama oder Mississippi.

Mehrere engagierte Mütter wuseln in der Küche herum und versorgen die Gruppe mit Getränken und Keksen. Der Gottesdienst scheint ziemlich von den Eltern gefördert zu sein. Aber mal ehrlich, wer geht schon freiwillig an einem Sonntagabend zum Gottesdienst, vor allem nachdem man schon den ganzen Morgen mit nichts anderem verbracht hat?! Also ich hatte mehr als genug Kirche für heute.

Austauschjahrgedanken

Obwohl sich unser Familienleben geändert hat, ist der Schulalltag derselbe geblieben. Die langen Schultage verstreichen in Minimalgeschwindigkeit und es ist sogar schon so weit gekommen, dass ich mich nach einer schulischen Herausforderung sehne. Wenn meine amerikanischen Freunde über ihren Schulstress klagen, kann ich nur schmunzeln. Doch dank des kostenlosen, überall in der Schule zugänglichen Internets wird mir kaum langweilig. Mit meinem iPod habe ich Zugriff auf das freie Netz und kann während des Unterrichts im Internet surfen oder mit meinen Freunden chatten. Das ist natürlich nicht gerade vorbildlich, aber solange man nebenher noch dem Unterricht folgt, sehen es die Lehrer entspannt. Trotzdem empfiehlt es sich, sich wenigstens die Mühe zu machen, das Gerät ein wenig zu verstecken. Aber auch da habe ich wieder einmal von meinem Ausnahmestatus als Austauschschüler profitiert, und die Lehrer haben immer ein Auge zugedrückt.

Austauschschüler unter sich sind wie eine große Familie. Egal, ob man sein Austauschjahr in Südamerika, in den USA oder in China verbringt. Alle haben den gleichen Hintergrund und das verbindet. Alle haben sich mutig aufgemacht, um für ein Jahr in einem anderen Land in einer fremden Kultur zu leben. Man darf nicht unterschätzen, auf wie viele neuen Eindrücke und Anpassungen man sich einstellen muss. Von Neugier, Abenteuerdrang und Reiselust getrieben, lässt man seine Familie, Freunde und das Zuhause zurück. Unter Gleichgesinnten geht der Gesprächsstoff kaum aus und auch zu lachen gibt es genug, denn komische Situationen sind in einem Austauschjahr an der Tagesordnung. Anfangsschwierigkeiten an der neuen Schule, anfängliche Schüchternheit bei der Gastfamilie oder Missverständnisse mit der Sprache. In Facebook-Gruppen macht man sich gegenseitig Mut und postet lustige Erlebnisse. Man liest von Schülern, die halb verhungerten, da sie bei ihrer neuen Gastfamilie nicht den Mut hatten, sich am Kühlschrank zu bedienen oder nach ein paar Früchten zu fragen.

Zu lachen hat man auch immer über die vielen Vorurteile des unbekannten Heimatlandes des Schülers. Obwohl ich aus der Schweiz komme, besitzt mein Vater keine Bank und es gibt auch noch etwas anderes zu essen als nur Käse. Aber diese Klischees kann ich ja noch nachvollziehen. Schwierig wird es dann, wenn die Schweiz komplett mit Schweden verwechselt wird. Doch andersrum stellen sich auch alle meine Schweizer Freunde Texas als Cowboystaat vor, wo die Leute mit Cowboyhüten auf dem Pferd von der Ranch zur Schule reiten.

Das Interesse an meinem Heimatland ist groß. So wurde ich vor allem am Anfang ausgefragt, unter anderem auch mit etwas dummen Fragen. Ob wir auch mit Autos fahren und ob es denn auch Mobiltelefone gäbe. Zu antworten, dass man nur per Büchsentelefon kommuniziert und mit der Kutsche in die Ferien fährt, ist da einfach zu verlockend.

Die Idee des Schüleraustausches geht bis in die Nachkriegszeit zurück. Nach dem Zweiten Weltkrieg versuchte man mit verschiedenen Mitteln, den Kulturaustausch und den internationalen Kontakt zu stärken. Wenn viele Jugendliche von verschiedenen Ländern ein Jahr im Ausland verbringen, die Kultur kennenlernen und Kontakte knüpfen, wird nicht nur der Horizont des einzelnen Schülers, sondern auch international das gegenseitige Verständnis gestärkt und somit auch ein Beitrag zum Frieden geleistet. Denn wenn immer mehr Führungspersonen in Politik oder Wirtschaft als Jugendliche schon im Ausland waren oder einen großen internationalen Freundeskreis haben, steigt die Toleranz und Konflikte aus Vorurteilen werden abgebaut.

Die Erinnerungen und Erfahrungen, die man als Austauschschüler gewinnt, sind unbezahlbar. Man gewinnt als Mensch nicht nur an Erfahrung und Bewusstsein, sondern auch an Toleranz. Ich erfreue mich durch meine neue positive Einstellung auch an den kleinsten Dingen der Welt. So kann ein Lächeln auf dem Schulflur schon meinen ganzen Tag aufhellen. „Enjoy every second of your life, because life is an adventure", sagen die vielen Poster der Suizidprävention, die überall in den Klassenräumen an den Wänden hängen. Und dem kann ich wirklich nur zustimmen. Meine ersten fünf Monate in den USA sind schon an mir vorbeigeflogen, auch wenn es mir nicht immer so vorgekommen ist.

Dabei sehe ich das gesamte Austauschjahr als exponentielle Kurve an. Nach dem anfänglichen Hoch kommt die tiefe Heimweh-Krise, und danach wird es nur noch besser. Bis jetzt stimmt es jedenfalls.

Wobei Skype mein bester Freund ist. Was gibt es Schöneres als einen Skype-Marathon mit Freunden, die sich gerade für die Party fertigmachen, während ich nur auf meinem Bett rumgammle. Oder auch mit meiner Familie, die mich auf den neuesten Stand der Ereignisse in der Heimat bringt. Auch auf die Skype-Dates mit Klara und Jenny aus New York möchte ich nicht verzichten. Nach dem Motto: Geteiltes Leid ist halbes Leid, bauen wir uns gegenseitig auf in Heimwehzeiten oder unterhalten uns auch nur über unsere neuen amerikanischen Lieblingscornflakes.

Flucht vor Gastvater und andere Abenteuer

Wenn man ab Dienstag das Wochenende herbeisehnt, ist die Erleichterung am Freitagabend um so größer. Aus Langeweile gehe ich nach der Schule noch zu einem Model-Casting an der Schule, das der Schülerrat zugunsten krebskranker Kinder in Nepal ausrichtet. Alles, was man machen muss, ist, über den Laufsteg zu flitzen und Kleider zu präsentieren. Kein Problem, denke ich mir, wenn ich dadurch meinen Freunden einen Gefallen tun kann. Das war jedoch, bevor ich die mörderischen Absätze gesehen habe, die auf dem Laufsteg getragen werden. Jetzt verstehe ich auch, warum man zu so vielen Lauftrainings gehen muss. Aber da ich genügend Zeit habe, stört mich das nicht, arbeite ich halt noch ein wenig an meinen Laufqualitäten, das schadet bestimmt nichts. Sich überreden lassen und einfach mal ausprobieren, denn verlieren kann man ja nichts, diese Strategie hat sich gut bewährt.

Freitagabend sind Lina und ich bei Amber zu einer Filmnacht eingeladen. Sie holt uns sogar zu Hause ab, was bei den Gasteltern einen guten Eindruck macht, so dass sie uns auch beruhigt gehen lassen. Wir sind schon im gemütlichen Gammel-Look mit Jogginghose und Sweatshirt. Bevor wir zu ihrem Haus fahren, müssen wir natürlich noch einen Stopp bei *Walmart* machen, dem großen amerikanischen Lebensmittelgeschäft, um uns mit

Süßigkeiten und Schokolade einzudecken.

Aus einem unerfindlichen Grund hat Lina plötzlich das Bedürfnis beim Haus ihrer ersten Gastfamilie vorbeizufahren, um einfach zu schauen, ob noch alles beim Alten ist. Wir geben ihrem Wunsch nach und machen auf dem Heimweg einen kurzen Abstecher. Ich denke mir nicht viel dabei, was soll schon passieren, wenn man schnell an der Quartierstraße vorbeifährt. Doch Amber macht sich einen Spaß daraus, Lina zu erschrecken und wendet das Auto direkt auf der Garageneinfahrt der Ex-Gastfamilie. Lina schreit sie an, sie solle wegfahren. Doch schon zu spät, denn kaum hat Amber ihren Kleinwagen gewendet, sehen wir auch schon eine große Gestalt vor der Garage stehen – Linas Ex-Gastvater. Doch anstatt wieder zurück ins Haus zu gehen, steigt dieser ins Auto und verfolgt uns. Linas Nerven liegen blank und langsam wird auch Amber und mir etwas unwohl bei der ganzen Sache. „Fahr schneller, er wird uns alle umbringen", schreit Lina dramatisch und vor lauter Stress läuft ihr eine Träne über die Wange. Amber fährt wie ein Henker über rote Ampeln und überholt die Autos vor uns in der Kolonne. Fünf Minuten später heulen wir alle hysterisch. Wir sind uns gar nicht bewusst, wie gefährlich unsere Autoflucht im texanischen Verkehr überhaupt ist. Aber der Gastvater scheint noch verrückter zu sein, denn er verfolgt uns mit einer Geschwindigkeit, wie man sie nur aus Actionfilmen im Fernsehen kennt. Wir sitzen alle drei heulend im Auto und Amber versucht erfolglos, den Verfolger abzuhängen. „Was will denn der von uns?", fragt Amber verängstigt. Wir versuchen, einen klaren Kopf zu behalten, und schmieden einen Notfallplan. Wir fahren zu Amber nach Hause. Sie ruft ihren Vater an, er solle uns vor dem Haus in Empfang nehmen. Mit dem Ex-Gastvater dicht auf den Versen fahren wir bis vor Ambers Haus, wo auch schon ihr Vater mit Revolver in der einen und einer Kamera in der anderen Hand bereitsteht.

Spätestens jetzt fühle ich mich wie in einem modernen Western – wenn nur die Lage nicht so brenzlig wäre!

Unser Verfolger steigt aus dem Auto und schimpft los, mit dem Finger immer auf Lina gerichtet. Schon im Vorfeld hat er alles versucht, um Linas Leben schwer zu machen und nach allen möglichen Gründen gesucht, um Lina zurück nach Deutschland zu senden, auch noch nachdem sie das Haus ihrer ersten Gastfamilie verlassen hatte. Doch Ambers Vater macht ein Foto von ihm und seinem Nummernschild, worauf er etwas kleinlauter wird. Er habe nur schauen wollen, wer auf seinem Garagenplatz wende, meint er nun versöhnlich. Darauf steigt er in seinen Jeep und rast wie ein Halbgestörter davon. Lina immer noch geschockt und kalkweiß im Gesicht hat Angst, dass er zurückkommt und noch mehr Ärger macht. Doch Ambers Vater beruhigt sie und legt auch seinen geladenen Revolver wieder zurück ins Fach. Puuh, denke ich mir und kann es wieder einmal nicht glauben, wie wir es immer schaffen, in solche Situationen zu rutschen, ohne je etwas Illegales oder Verbotenes getan zu haben.

So nimmt die Filmnacht nicht ihren geplanten Lauf – denn keiner von uns hat noch Lust auf einen Film. Wir drei rollen uns auf dem Bett zusammen und schlafen nach der ganzen Aufregung bald ein. Lina und ich sind das Dream-Team in Sachen Dramen und Abenteuer, so bleibt unser Austauschjahr spannend. Von diesem Abenteuer werde ich meinen Eltern erst erzählen, wenn ich wohlbehalten wieder zurück in der Schweiz bin, die haben schon genug graue Haare auf meine Kosten bekommen.

Um uns am nächsten Tag von diesem Schock zu erholen, gehen wir erst einmal shoppen. *Urban Outfitters*, ein Kleiderladen, der einfach ein Muss ist in den USA, hat Totalausverkauf, was wir uns trotz Müdigkeit nicht durch die Lappen gehen lassen wollen. Nach ein paar Schnäppchen ist auch Lina wieder die alte. Shopping ist einfach eine gute Medizin, finden wir, und zugleich unterstützen wir auch noch die amerikanische Wirtschaft. Mit unseren Amerikanern albern wir immer herum, dass die Austauschschüler es sind, die mit ihrer Shoppingsucht die Wirtschaft am Laufen halten. Zu unserem Schutz und bevor wir einfach als shoppingsüchtige Mädels abgestempelt werden, muss ich sagen, dass Shopping in den USA auch ein wirkliches Hobby ist. Oftmals ist die Auswahl an Freizeitaktivitäten nicht viel größer als zwischen *shopping mall* und Kino. Mit einer zu großen Moral holt man sich hier keine Freunde und so habe ich meine Einstellung gegenüber dem Materialismus für ein Jahr den amerikanischen Verhältnissen angepasst. Das ist nur zu empfehlen, denn was bringt ein schlechtes Gewissen, wenn man keine andere Wahl hat?!

In der Schule schreibt man am Ende des Semesters die sogenannten *finals*, das sind die Semesterprüfungen. Als Austauschschüler müssen wir diese auch machen, je nach Fach und Lehrer. Geschickt angestellt, kann man die jeweilige Lehrperson überreden, dass man die Prüfung nicht absolvieren muss. Doch natürlich gibt es auch immer überkorrekte Lehrer, die aus Prinzip keine Ausnahmen machen. Es ist eine echte Kunst, sich zu motivieren, um für Prüfungen zu lernen, die nicht zählen. Unsere Gastmutter sieht das Thema ziemlich streng. Sie als Lehrerin kontrolliert unsere Schulnoten regelmäßig auf dem Computer in ihrem Klassenzimmer. Und stimmen die Noten nicht, dann kann schnell mal der Ausgang am Wochenende wegfallen.

Doch ich habe eine Motivation in der Ferne, die meine Laune auf einem hohen Niveau hält. Lina und ich haben unsere Eltern überredet, dass wir die Hawaiireise mit einer Organisation für Austauschschüler machen dürfen. Eine Woche raus aus Texas, ab nach Hawaii an den Strand, was kann man sich Besseres vorstellen? Hawaii ist es uns beiden wert, Weihnachts- und Geburtstagsgeschenke zusammenzulegen.

Voller Vorfreude machen wir uns auch sogleich nach der Schule daran, den Flug online zu buchen. Doch das ist nicht so einfach wie gedacht. Zusammen mit Lina verbringe ich den ganzen Abend vor dem Laptop, da immer, wenn ich kurz davor bin, die Buchung abzuschließen, irgendetwas schiefläuft oder ein Code fehlt. So will meine Passnummer einfach nicht angenommen werden und Lina kann sich plötzlich nicht mehr an ihren Kreditkartencode erinnern. In solchen Momenten, wenn einem die Technik einen Streich spielt, heißt es, Nerven behalten. Wir verbringen eine endlose Zeit in der Warteschleife der Service-Hotline, doch dann haben wir es beide endlich geschafft und atmen erleichtert auf. Doch als wir die Bestätigungen ausdrucken, bemerken wir, dass wir unterschiedliche Rückflüge gebucht haben. Lina kann demnach vier Stunden länger im Ferienparadies bleiben. Das ist deshalb besonders ärgerlich, da wir ja beide vom Flughafen abgeholt werden müssen. Da können wir kaum auf unsere Gasteltern zählen. Als wir vorsichtig fragen, meint der Gastvater großzügig, das sei kein Problem, wofür er einen bitterbösen Blick unserer Gastmutter erntet. Und so müssen wir unsere Koordinatorin fragen, uns zu helfen.

Cake balls

Der erste Gedanke, als mein Wecker morgens Sturm läutet: Heute ist Sonntag! Zweiter Gedanke: Schnell, anziehen und ab zur Kirche. Danach fahren wir alle zu der Schwester von Frida, die heute ihren Geburtstag mit allen Verwandten feiert. Familienfeste sind immer die Härteprobe für meinen iPod-Akku. Denn sobald alle gesättigt sind, oder eben übersättigt, liegen alle Verwandten wie tote Fliegen im bereits beschriebenen *food coma* auf dem Sofa. Die ganze Familie ist supernett und interessiert sich sehr für unsere Heimatländer. Und doch: nach so viel Small Talk bin ich dann irgendwann doch froh, mich durch meinen iPod mit dem Internet verbinden zu können.

Am nächsten Tag ist *Martin Luther King Day*, ein Nationalfeiertag, und wir haben schulfrei. An Nationalfeiertagen wird der Union Jack, die US-Flagge, in vielen Gärten und Parks gehisst. Vor allem für Amerikaner mit afrikanischer Abstammung, wie meine Freundin Olivia und ihre Zwillingsschwester Regine, hat dieser Tag eine ganz grosse große Bedeutung. Diskriminierung aufgrund ihrer dunklen Hautfarbe, das haben auch sie schon öfters erlebt, wie sie mir mit aufgebrachter Stimme erzählen. Regine wird öfters beim Shoppen in Kleiderläden angesprochen, da die Ladendetektive das Gefühl haben, sie hätte etwas mitgehen lassen. So etwas verletzt, und die gepriesene Gleichheit existiert doch nicht so ganz in der Realität.

Auch Olivia meint, es spiele eben immer noch eine Rolle, was für eine Hautfarbe man habe. Sie wurde bei der Arbeit in einem Supermarkt von einem Mann angeflirtet, der meinte, sie sei aber eine Hübsche, obwohl doch sonst schwarze Frauen nicht so hübsch seien.

Solche Geschichten geben mir zu denken. Denn eine so unterschiedliche Gesellschaft, wie die in Amerika, haben wir in keinem Land in Europa. Doch trotzdem scheinen weder die morgendliche Nationalhymne noch der Nationalstolz auszureichen, um die Gemeinschaft so zu festigen, dass alle Amerikaner wirklich gleich sind. Denn Amerikaner ist jeder, der in den Staaten geboren wurde, welcher Rasse, Religion oder kulturellem Hintergrund er auch angehört. Auch unser Englischlehrer versucht, seine Kurse mit Fakten aufzurütteln und zu sensibilisieren. Denn es kann nicht sein, dass rund die Hälfte aller schwarzer Männer im Laufe ihres Lebens mit dem Knastsystem in Berührung kommen.

An Samstagabenden bleibt einem oftmals nichts anderes übrig, als zu Hause zu bleiben. Ohne konkreten Plan versuchen wir gar nicht erst unsere Gasteltern zu überreden, dass sie uns aus dem Haus lassen. Da kommt man sich dann doch vor wie ein Zwergkaninchen, das gerne etwas Auslauf hätte. Apropos Auslauf, die Hunde unserer Gastfamilie haben ihren Auslauf im Garten hinter dem Haus, dem typischen *backyard*. Doch eigentlich hat das wenig mit einem Garten gemein. Es handelt sich um ein kahles Stück gelben Rasens, von der texanischen Sonne ausgetrocknet, umrandet von einem mannshohen Holzzaun. Nun möchte ich hier nicht ins Detail gehen, aber niemand geht mit den beiden Jagdhunden Gassi, und so erledigen sie ihr Geschäft auf dem Rasen. Es fällt in den Aufgabenbereich von uns Mädchen, diese Häufchen mit einer Schaufel einmal wöchentlich aufzusammeln. Was die Gastmutter so schön *poop scooping* nennt, ist eine ziemlich eklige Geschichte. Unser Gekreische ist in der ganzen Nachbarschaft zu hören, als mir beinahe der volle Abfallsack zerreißt. Lina macht sich einen Spaß daraus, mit ihrer freien Hand die ganze Geschichte auf Video aufzunehmen, und wir können uns beide kaum mehr halten vor Lachen. Ich weiß schon, warum dieses Ämtchen uns übertragen wurde. Aber wenigstens haben wir mehr Freiraum als die armen Hunde. Der größte Spaß ihres tristen Alltagsleben ist, wenn sie einen gefrorenen Vogel aus der Gefriertruhe zum Spielen bekommen.

Mit unserer Gastschwester Isabel machen wir schließlich Pläne für zu Hause und beschließen, eine Cake-Ball-Party zu schmeißen. *Cake balls* sind etwas typisch Amerikanisches, das erkennt man mit geübten Blick schon an der Unmenge von Zucker und Kalorien der Zutatenliste. Aber man gönnt sich ja sonst nichts, und so geht es ran ans Vermischen. Man bäckt einen Kuchen, formt aber daraus noch einmal kleine Kugeln, die man dann mit Schokoladenguss versieht. Es ist die Arbeit wert, das Resultat ist göttlich. Zu dritt essen wir die Hälfte des Bleches leer, bis uns übel ist.

Am nächsten Morgen liegen mir die *cake balls* noch immer schwer im Magen. Um etwas für mein Gewissen und auch für meine Gesundheit zu tun, lasse ich mich überreden und gehe mit Kelly, meiner puerto-ricanischen Freundin, zum Fitnesscenter. Dort sitzen wir auf dem Fahrrad und ratschen um die Wette. So macht auch das Training Spaß, wenn es auch nicht sehr effektiv ist. Die Getränkemaschine im Fitnesscenter mit den vielen Süßgetränken sorgt dafür, dass die verbrannte Kalorienmenge gleich wieder aufgenommen wird. So gehen dem Fitnesscenter die Kunden nicht so schnell aus. Raffiniertes Geschäftsmodell!

Nach einem Wochenende kommt aber schon bald wieder der beliebte Montag. Normalerweise reicht der wässrige Filterkaffee meiner Gastmutter nicht aus, um mich voll aufzuwecken. Doch mit der Zeit bessert es sich. Und das ist das beste Gefühl: wenn ich merke, dass Montag ist und ich trotzdem gute Laune habe! Vielleicht liegt es auch daran, dass ich meinen Stundenplan schon wieder geändert habe. Armes Schulbüro, hat so viel mehr Arbeit wegen einer Schweizer Austauschschülerin. Ich habe zu einem Kunstkurs auf Collegeniveau gewechselt, den mir zwei meiner Freundinnen ans Herz gelegt haben. Man kann seiner Kreativität freien Lauf lassen und das bedeutet, eine Stunde pro Tag kann einem niemand sagen, was man zu tun hat. Das hört sich doch verlockend an.

Nachdem ich bei der neuen Gastfamilie meine Ballettstunden an den Nagel hängen muss, da niemand Zeit oder Lust hat, mich einmal pro Woche ins Studio zu fahren, ist es höchste Zeit, wieder mit etwas Sport anzufangen. Und so melde ich mich in der Schule beim Tennis an. Warum Tennis, das weiß ich auch nicht. Vielleicht wegen des schönen Outfits mit dem Sportröckchen, oder auch, weil Lina Tennis spielt und es anscheinend nicht allzu anstrengend ist trotz texanischer Hitze. Einen Tennisschläger habe ich jedenfalls noch nie zuvor in der Hand gehalten.

Doch so einfach geht das nicht. Um dem Tennisteam beizutreten, braucht man zuerst die Bestätigung eines Arztes, dass man gesund ist und imstande ist, Sport zu treiben. Und dann muss man noch beim Coach persönlich vorbeigehen.

Bei meinem Probetraining hat er schnell bemerkt, dass er es mit einer totalen Anfängerin zu tun hat. Ich hatte Mühe, dass ich nicht alle meine Tennisbälle über den Tennisplatz hinausschoss.

Auf jeden Fall besser als das Probetraining im Leichtathletikverein der Schule. Leichtathletik bei siebenundzwanzig Grad bereits im Januar – das war zu viel. Ich mag mir gar nicht vorstellen, wie heiß es im Frühling werden wird. Am Tag danach war ich nicht mehr in der Lage, die Treppe raufzugehen, mich hat so ziemlich jeder Muskel meines Körpers geschmerzt, auch solche, von denen ich vorher nicht einmal wusste, dass ich sie besitze.

Aber man sollte unbedingt die Chance ergreifen, im Austauschjahr etwas komplett Neues anzufangen. Denn nur als Austauschschüler wird einem so viel Verständnis entgegengebracht und man kriegt des Öfteren eine Sonderbehandlung.

Spät am Abend kommt mir noch in den Sinn, dass morgen ja der Geburtstag unserer Gastschwester ist. Im Trubel der letzten Tage haben Lina und ich das total verschwitzt. Schnell schreiben wir unserem Nachbarn, der praktischerweise ein Auge auf Lina geworfen hat, und darum gerne mal den Taxichauffeur für uns spielt. Leider hat auch Lina keine brauchbare Idee, was das Geburtstagsgeschenk angeht. Gern überlässt sie mir die Rolle der Kreativen. Und so kaufen wir eine riesige Packung frischer Donuts zum Geburtstagsfrühstück am nächsten Morgen und ich bastle aus dem Material, das wir in der Küche zusammentragen können, einen Gutschein fürs Nagelstudio. Denn aus einem unerfindlichen Grund möchte sie sich schon lange einmal künstliche Nägel machen lassen.

Das Geschenk ist ein Erfolg, und wir scheinen uns die größte Mühe mit unserem Geschenk gemacht zu haben. Sonst gibt es nicht allzu viele Geschenke für Isabel. Schenken scheint nicht so eine große Kultur zu haben im Hause meiner neuen Gastfamilie, denn die Fleecejacke, die sie von ihren Eltern bekommt, ist nicht einmal in Geschenkpapier eingewickelt.

Thrift shopping

Die einzige Motivation morgens aufzustehen ist unser Frühstück, das wir uns gönnen. Das ist nicht unbedingt einfach, denn man muss aus den vorhandenen Mitteln das Beste machen. Lange war unser Lieblingsfrühstück Zimtcornflakes mit Apfelstückchen, doch unsere sparsame Gastmutter hat einfach keine Cornflakes mehr gekauft. Und auch unsere Äpfel werden rationiert. Eines Morgens meint sie, wir sollten uns doch nur *einen* Apfel teilen für das Frühstück. Als Alternative steigen wir auf *oatmeal* um, was sehr beliebt ist in Texas. Es handelt sich um Haferflocken, die mit Milch in der Mikrowelle erhitzt werden. Das hört sich jetzt nicht sehr lecker an, aber mit Zimt und Zucker ist es durchaus genießbar.

Mit meinen Leggins muss ich mich an meiner Gastmutter vorbeischleichen, die den Dresscode der Schule strenger nimmt als der Schulrektor, dessen Tochter nur mit Leggins rumläuft. Frida ist bei der Schülerschaft dafür bekannt, dass sie als Lehrerin jeden auf einen zu kurzen Rock oder Spaghettiträger aufmerksam macht. So gleicht ein Tag mit Leggins in der Schule einem aufregenden Versteckspiel, was aber viele nicht davon abhält, es trotzdem zu versuchen.

Mit dem Tennis hat es geklappt. Ich werde aber in das Team eingeteilt, das morgens vor der Schule trainiert. Das heißt, ich muss mich um halb acht in voller Tennismontur auf dem Tennisplatz einfinden. Das erste Mal, als ich zum Training gehe, habe ich schon ein wenig Selbstmitleid. Morgensport ist nicht jedermanns Sache. Doch die Temperatur ist um einiges angenehmer als am Nachmittag. Ich steche ziemlich aus der Menge in meinem Tennisteam, das hauptsächlich aus Asiaten besteht. Groß und blond, das passt da nicht so in die Reihe. Doch alle sind sehr nett und helfen mir, wo sie nur können. Ich lerne, richtig aufzuschlagen und verstehe mit der Zeit auch den ganzen Spielablauf.

Eines morgens, als ich nichts ahnend und verschlafen zum Training antanze, nimmt mich Coach Becker beiseite und meint, ich würde diese Woche mit Lina bei einem Turnier an der Nachbarschule mitspielen. Ich kann es nicht fassen, dass er mich so blamieren möchte. Denn ich verstehe kaum mal alle Regeln, von Tennisspielen kann da noch nicht die Rede sein. Doch dem Coach widerspricht man nicht, das ist auch etwas, was ich gelernt habe.

So kommt es, dass Lina und ich uns am nächsten Tag um sechs Uhr morgens beim Treffpunkt einfinden mit einer Tennistasche voller Proviant für den langen Turniertag. Mit dem gelben Schulbus fahren wir beinahe vierzig Minuten zu einer Nachbarschule, die sich noch innerhalb unserer Stadt befindet. So kann man sich die enormen Dimensionen in Texas ganz gut vorstellen. Es gibt fünf verschiedene Highschools in Keller mit je um die dreitausend Schüler. Ich begreife immer noch nicht, warum mich der Coach unbedingt spielen lassen möchte. Arme Lina, denn sie spielt auch noch nicht so lange, dass sie meine Seite völlig mit abdecken könnte. Es ist eine ziemliche Nervenprobe für sie mit einer totalen Anfängerin auf dem Platz zu stehen.

Doch im Verlauf des Turniers merke ich schnell, dass es noch viel schlechtere Spieler gibt als mich. Zwischen den einzelnen Spielen vertreiben wir uns unsere Zeit mit Essen. Alle anderen Teamkollegen haben auch ein richtig großes Picknick dabei.

Schlussendlich gewinnen wir sogar zwei Spiele und verpassen den dritten Rang in unserer Kategorie nur um ein Haar. Wenn man schnell Tennis spielen lernen möchte, muss man wirklich die Methode *learning by doing* anwenden, da muss ich dem Coach recht geben. Denn am Ende des Tages habe ich große Fortschritte gemacht und sogar Spaß am Spielen bekommen, jetzt wo ich den Ball auch mal getroffen habe.

Das Wetter in Texas ist, wie gesagt, ziemlich verrückt. Den ganzen Tag war es kalt und wir haben uns auf der Bank beinahe den Hintern abgefroren, trotzdem sehe ich ein tomatenrotes Gesicht, als ich abends in den Spiegel schaue. Bei eisigem Wind hat doch niemand von uns an Sonnenschutz gedacht.

Mit großem Hunger kommen wir abends nach Hause. Dienstag ist Tacco-Tag und bei meiner Gastfamilie kann man sogar sagen, jeder Tag ist Tacco-Tag. Für mich als Vegetarierin sind die Taccos meines Gastvaters kein kulinarisches Highlight, denn ohne Fleisch habe ich ein Tacco mit ein wenig Bohnenmatsche zum Abendessen. Von all meinen Austauschfreunden in den Staaten höre ich, dass sie vom amerikanischen Essen ziemlich zugelegt haben, aber darum muss ich mich bei dieser Gastfamilie überhaupt nicht sorgen.

Der Hawaii-Urlaub rückt immer näher. Ich habe mir einen Abstreichkalender gebastelt, um die letzte Woche Wartezeit zu verkürzen. Unsere Vorfreude ist riesig. Wir überlegen uns schon, was wir alles mitnehmen wollen, und müssen uns auch noch ein Paar Shorts kaufen, die nicht unbedingt dem Dresscode unserer Gastmutter entsprechen. Diese will uns aber nicht Shoppen gehen lassen. Ich weiß nicht, warum sie ein Problem damit hat, wenn wir ins Shoppingcenter flanieren gehen, denn das ist, was all unsere Freunde hier tun in der Freizeit. Aber allgemein will sie uns lieber zu Hause einsperren, wenn sie irgendeinen Grund dafür findet. Zum Glück haben wir das Haus erst gestern geputzt und auch unsere Noten sind im grünen Bereich, gewöhnlich ihre beiden Hauptgründe um uns den Ausgang zu streichen.

Nach der Schule heute gehen wir *thrift shopping*, was bedeutet, die Secondhandläden nach brauchbaren und schon wieder modischen Kleidungsstücken zu durchwühlen. Natürlich kommt Amber auch mit und holte uns mit ihrem Auto ab. Im Auto hören wir ganz laut den Song „Thrift Shop" von *Macklemore* und singen laut und falsch mit. Schnäppchen findet man hier am laufenden Band. Pullover für neunundneunzig Cent und auch solche, mit denen man locker als Hipster durchgehen könnte. Doch die Kundschaft besteht nicht nur aus jungen Leuten auf der Suche nach einzigartigen Fundstücken, sondern auch aus Leuten der unteren Bevölkerungsschicht, die ziemlich verwahrlost aussehen. Das tut mir furchtbar leid. Doch Amber lacht mich nur aus und fragt, aus welchem Dorf ich denn komme, dass ich so was nicht gewohnt sei.

Als ich am nächsten Tag von der Schule nach Hause komme, wartet ein Päckchen von meiner Oma auf mich, gefüllt mit Schweizer Schokolade. Das ist so ziemlich das Beste, was einem passieren kann, wenn man todmüde vom Tennistraining nach Hause kommt. Der Coach, selbst etwas füllig, hat mich auf dem Platz herumgejagt. Bei dem geringsten Anzeichen von Müdigkeit, gibt es noch eine Extrarunde um den Tennisplatz. Nach dem Training waren noch die ersten Proben mit der Schulband, die endlich angefangen hat. Mehrere Male hatte ich seit meiner Ankunft dem Percussions-Lehrer der Schule geschrieben, wann ich denn endlich mitspielen könne, und immer kam die Antwort, dass es in ein paar Wochen erst beginnen würde. Jetzt ist also der Zeitpunkt gekommen, und ich kann es schon kaum erwarten, endlich wieder einmal Schlagzeug zu spielen. Doch ich bin ziemlich enttäuscht von dem, was hier als Schulband durchgeht. Alles was mich erwartet, ist eine kleine Gruppe von *nerds* mit Zahnspangen, die mit ihren Blasinstrumenten demotiviert auf den Stühlen sitzen. Das ist jetzt sehr böse ausgedrückt, aber meine Erwartungen wurden wirklich enttäuscht, denn auch ich bin bei diesem Musizieren beinahe eingeschlafen. Das Kapitel Schulband ist somit abgehakt. So ist das Schokoladenpaket gerade zum rechten Zeitpunkt eingetroffen. Das wird mir auch als Notration dienen, wenn ich nach dem Abendessen noch hungrig bin, was bekanntlich ziemlich oft vorkommt.

Die amerikanische Esskultur, die ich hier kennengelernt habe, ist eine andere als bei uns. Beispielsweise wird in meiner Gastfamilie in erster Linie gegessen, um satt zu werden. Wenn es dann auch noch gut schmeckt, umso besser. Man kann das auf keinen Fall verallgemeinern, aber die Abendessen sind nicht so gesellig, wie ich es aus Europa kenne. Es geht viel schneller, und es ist immer so still beim Essen. Anfangs versuche ich noch, die Runde mit Small Talk aufzulockern, aber mit der Zeit werde ich dann auch zu faul dafür. Unsere Gastschwester erzählt ihren Eltern nie etwas von ihrem Leben. Dafür hat sie auch zu viele Geheimnisse, die nicht für die Ohren ihrer religiösen und strikten Eltern gedacht sind. Auf die Alltagsfloskel „How was school?“, wird meistens nur mit „Good“ geantwortet. Genauso ist es im allgemeinen auch mit der Frage „Hi, how are you?“, mit der man oftmals begrüßt wird. Es wird tatsächlich schlicht ein „Good“ erwartet, denn niemand hat wirklich die Zeit, sich deine Probleme anzuhören. Es ist mehr wie eine Begrüßungsformel, die man aus Freundlichkeit anhängt. Ich habe am Anfang auch den Fehler gemacht, als ich versuchte, ernsthaft meine Gefühlslage zu beschreiben, aber da fängt man sich nur komische Blicke ein.

Sonntagnachmittags nach der Kirche laufen Lina und ich immer zu *Starbucks* in unserem Viertel, wo wir unseren Nachmittag mit Laptop und Kaffee verbringen. Wir haben dort als Stammgäste schon eine kleine Clique gefunden, und die Angestellten kennen mittlerweile sowohl unsere Namen als auch unsere Wünsche. Was ich an Amerika liebe, ist, dass man so leicht mit fremden Leuten ins Gespräch kommt. Böse Zungen mögen es oberflächlich nennen, aber man fühlt sich gleich in guter Gesellschaft, und der Umgang ist nicht so anonym, wie ich es von der Schweiz her kenne. Ich selbst habe diese Offenheit auch schon angenommen, denn wie einfach ist es schließlich, ein Lächeln in ein Gesicht zu zaubern – ohne, dass es etwas kostet?! So kann jeder einzelne die Welt ein kleines bisschen freundlicher machen. Denn schon mit einem Lächeln kann man eine Kettenreaktion auslösen.

Anfang des Jahres hat sich ein Junge aus meinem Englischkurs das Leben genommen. Als dann am folgenden Tag der Stuhl leer war, fiel das der Hälfte der Klasse gar nicht auf, da die Kurse einfach zu groß sind, um sich jedes Gesicht zu merken. Doch unser Englischlehrer hat uns auf einen wichtigen Punkt aufmerksam gemacht. Wir als Kollektiv tragen Mitverantwortung für unsere Mitmenschen. Vielleicht hätte der Junge nach einem netten Wort oder einem Lächeln oder einem Gespräch diese folgenschwere Entscheidung, sein Leben zu beenden, nicht so voreilig getroffen. Es geht darum, Lebensfreude zu teilen. Denn Freude ist das einzige, was größer wird, wenn man es teilt.

Valentinstag in Amerika und Valentinstag, wie ich ihn bisher kannte, das sind zwei komplett verschiedene Paar Schuhe. Schon drei Wochen vor dem Tag der Liebe sind Supermärkte, Cafés und Schulen kitschig verziert, und wo man hinsieht, kleben rosa Herzen. In der Schule laufen die Schüler voll beladen mit Geschenken und überdimensionierten Plüschtieren herum. Es sind nicht nur die Pärchen, die diesen Tag feiern. Der Schülerrat organisiert eine Aktion, bei der man eine Rose mit Gruß verschicken kann. Ich bekomme auch Rosen von meinen Freunden und eine von einem anonymen Absender. Von Olivia bekomme ich ein Schokoladenherz, und im Tennis gibt es auch eine große Schenkerei. Die

Frage „Do you have a valentine?“ wurde mir bestimmt zehnmal gestellt. Dieser Tag ist nur dafür gemacht, Singles zu blamieren. Die Stimmung ist trotzdem richtig cool. An unserem Mittagstisch haben wir eine kleine Cupcake-Party mit Schokolade. Ich weiß jetzt auch, warum am Valentinstag so viel Schokolade gegessen wird. Das ist, um die Singles zu trösten, denn Schokolade macht ja bekanntlich glücklich. Ich habe Mitleid mit den armen *boyfriends* und Ehemännern, die an diesem besonderen Tag etwas unter Zugzwang geraten. Für Lina und mich ist das größte Valentinsgeschenk unsere Hawaiireise, die in drei Tagen beginnt.

Hawaii

Eine Reise wie unsere nach Hawaii muss man sich verdienen. Vor allem wenn man eine Lehrerin als Gastmutter hat, die großen Wert auf die schulischen Leistungen legt, obwohl dieses Jahr keinen schulischen Einfluss hat auf meine Ausbildung. Es bleibt mir nichts anderes übrig, als von Klasse zu Klasse zu rennen und Arbeitsaufträge abzuholen. Lina scheint es nicht anders zu gehen.

Dennoch: Wir platzen regelrecht vor Vorfreude. Nur unsere Gastschwester Isabel scheint mit unserem Glück nicht klarzukommen und vermeidet es komplett, auch nur noch ein Wort mit uns zu wechseln. Mit ihr stehen wir momentan sowieso auf Kriegsfuß, da wir sie ein paar Mal dabei erwischt haben, wie sie sich aus unseren Kleiderschränken bediente. Doch davon lassen wir uns die Laune nicht verderben – und auch nicht von dem viel zu schweren Koffer, den wir uns teilen wollen. Man kann sagen, dass Linas Seite deutlich ausgebeulter ist: Haarglätteisen, Lockenstab und zehn Paar Schuhe müssen mit. Doch mit vereinten Kräften und roher Gewalt bringen wir das Gepäckstück zu.

Wir sind soweit, die Reise kann beginnen. Unsere Koordinatorin steht schon eine Stunde zu früh vor der Tür, als wir gerade dabei sind, die Küche auf Hochglanz zu bringen, um ja keinen Tadel von der lieben Gastmutter zu bekommen. Unser Urlaub beginnt offiziell schon am Flughafen, als wir uns bei *Dunkin' Donuts* die besten Donuts überhaupt holen und schon am Gate gefühlte tausend Bilder machen. Davor haben wir sicher eine Stunde im Sicherheitscheck verbracht, bis wir durch den *body scanner* gestiegen und unsere Taschen durchleuchtet worden sind. Seit dem Anschlag auf das World-Trade-Center sind die Sicherheitskontrollen an den Flughäfen sehr streng und zeitaufwendig geworden.

Nach einem langen, ungemütlichen Flug vom regnerischen Dallas kommen wir todmüde in Honolulu an. Die Müdigkeit verfliegt schnell und nachdem wir unseren Facebook-Status auf *Hawaii* umgestellt haben, geht es mit den anderen Austauschschülern unserer Gruppe ab in die Großstadt Honolulu. Es ist eine verrückte Stadt, ein lebendige Mischung aus Asien, Karibik und Amerika. Ich kann es gar nicht glauben, dass wir uns noch immer auf US-Boden befinden, ist doch Hawaii der fünfzigste Staat von den United States.

Unsere Gruppe besteht aus hundert Austauschschülern aus ganz Europa, die alle aus den verschiedensten Teilen der USA für eine Woche nach O'ahu, der drittgrößten Insel Hawaiis, angeflogen sind. Zur Begrüßung bekommen wir am Flughafen einen Blumenkranz umgehängt. „Aloha Hawaii!" Aloha ist das Zauberwort in Hawaii, es bedeutet nicht nur Hallo und Tschüss sondern auch Liebe und Zuneigung.

Das Frühstück ist ein kulturelles Erlebnis. Lina schämt sich für mich, da ich mutig alles, was nicht nach Fleisch aussieht, auf meinen Teller lade, um ja alles probieren zu können. Statt Tofu und Bohnen hält sie sich lieber an klassische *pancakes* und Rührei. Gestärkt geht es auf eine Bustour durch die ganze Insel. Die Landschaft ist einfach traumhaft, auch bei bewölktem Himmel. Bei dem tropischen Klima hier sieht man selten einen stahlblauen Himmel. Leider ist das Gift für meine Haare und auch Lina rastet beinahe aus, als sie versucht, ihre Frisur zu bändigen.

Richtungen gibt es auf Hawaii nur zwei: *mauka* – in Richtung der grünen und dicht bewaldeten Vulkanberge und *makai* – in Richtung des azurblauen Ozeans. An den schönsten Buchten gibt es einen Fotostopp und alle posieren um die Wette.

Nächster Stopp ist eine Macadamianuss-Plantage. Das ist ein wichtiges Exportprodukt Hawaiis, und wir können alle verschiedenen Variationen probieren. Langsam mischen sich auch die Ländergruppen, und bald sind Lina und ich von einer kontaktfreudigen Horde Norweger umrundet. Alle sind in ausgelassener Ferienstimmung, und wir lachen und blödeln herum, während wir frisches Kokoswasser direkt aus einer ganzen Kokosnuss trinken.

Der Strand ist wie im Film. Puderzuckerweißer Sand und klares, hellblaues Wasser. Die Wellen laden zum Surfen ein, doch das steht heute (noch) nicht auf dem Programm. Mit den zwei Bussen, die sich je nach Leiter Party-Bus oder Bro-Bus nennen, fahren wir weiter durch die Insel. Wir steigen natürlich in den falschen Bus, denn im Bro-Bus geht es eindeutig ruhiger zu. Ulla mit ihrer deutsch-hawaiianischen Abstammung führt uns in die Geheimnisse der hawaiianischen Kultur und Tradition ein.

Am Straßenrand fallen mir bereits die vielen gut trainierten Surfer mit ihren Brettern unter dem Arm auf. Lina scheint dasselbe zu denken und rammt mir ihren Ellbogen verheißungsvoll in die Seite. North Shore ist ein beliebter Küstenabschnitt, an dem die berühmtesten Surfer für ihre Wettkämpfe trainieren. Die Buchten sind streng hierarchisch in verschiedene Reviere aufgeteilt, je nach Können der Surfer. Auch sonst empfehle ich keinem, als Anfänger einfach mal rauszupaddeln, denn das Meer ist unberechenbar und birgt verschiedenste Gefahren. Es gibt Strömungen, die einen weit ins Meer hinausziehen, und auch Haie machen ab und zu mal die Küsten unsicher. Auch giftigen Quallen sollte man aus dem Weg gehen und an den spitzen Korallenriffen haben sich schon viele ahnungslose Touristen die Füße aufgeschlitzt. Wenn man da die Wunde nicht ordentlich auswäscht, wächst einem bald eine eigene Korallenzucht am Fuß. In den Wäldern wimmelt es nur so von wilden Schweinen, die alle während der Großen Depression, der schweren Wirtschaftskrise in den USA, die im Oktober 1929 begann, von ihren Besitzern ausgesetzt wurden, da den Bauern die Existenz genommen wurde und sie die Tiere nicht mehr füttern konnten. Darum trägt man besser ein Messer mit sich, wenn man wandern geht. Aber genug der Schauermärchen.

Auch die North Shore kann der Ausländerinvasion nicht entgehen und alle stürmen aus den Bussen. Wir stehen eine Weile in der Schlange, da alle hundert Austauschschüler das traditionelle Snow-Cone-Eis probieren wollen, für das die North Shore ebenfalls bekannt ist. Es handelt sich um kleine Eisstücke, über die man, je nach Geschmack, eine bestimmte Sirupsorte kippt, die dem Eis den fruchtigen Geschmack verleiht. Leider fällt mein halbes Eis auf meine weißen Tennisschuhe.

Wir fahren durch weitläufige Ananasplantagen und können im *Dole*-Plantagen-Shop frische Ananas kosten. Der hawaiianische Boden ist so fruchtbar, dass neben Ananas auch Kaffeebohnen, Kakao und Zuckerrohr angebaut und in die ganze Welt exportiert werden. Weiter geht unsere Tour. Das nächste Highlight ist das polynesische Kulturzentrum, das gesponsert wird von den Mormonen, einer vor allem in den USA verbreiteten Religionsgemeinschaft. Neben Utah ist auf Hawaii der zweitgrößte Mormonentempel der USA zu finden.

Mir fällt auf, wie angenehm es sich anfühlt, wieder einmal

unter anderen Europäern zu sein. Lina fragt mich etwas spöttisch, ob ich wisse, woran man die Europäer erkenne: „Die Shorts sind kürzer, das Make-up auf den Gesichtern natürlicher und der Kleidergeschmack besser".

Die italienische Gruppe ist uns am sympathischsten. Ich will ja nicht sagen, dass Gabriele der einzige Grund ist, warum wir beiden uns dieser Clique anschließen, aber zumindest ist er für mich der Grund, weshalb ich das erste Mal mit den Italienern ins Gespräch komme. Mit seinen braunen Locken und seinen meeresblauen Augen, mit denen er mich immer wieder über die ganze Gruppe hinweg anlächelt, sieht er einfach hinreißend aus. Der Zufall will es so, dass auch sein Freund Marco nicht von schlechten Eltern ist, und so ist auch Lina zufrieden. Auch die restlichen Italiener sind nett, und ihre gestikulierende, temperamentvolle Art zu sprechen ist sympathisch und ansteckend. Doch nicht zu glauben, sie können es nicht lassen, schon am ersten Tag eine Regel zu brechen, indem sie sich alle eine Zigarette anzünden. Aber Regeln sind ja schließlich zum Brechen da, oder?!

Es gibt kaum etwas Romantischeres, als abends am Strand entlang zurück ins Hotel zu laufen und die Lichter von Honolulu zu bestaunen. Gabriele und ich machen uns einen Spaß daraus, alle asiatisch aussehenden Hochzeitspärchen zu zählen, die an jeder Straßenecke vor einer Kamera posieren.

So vergehen die glücklichen Tage wie im Flug und wir vergessen, dass wir ja nur eine Woche im Paradies haben. Warum gibt es in Texas keine attraktiven Jungs, die auch noch was im Kopf haben?

Wir machen jedoch ab, dass ich Valeria und Irene, meine italienischen Freundinnen, besuchen werde, wenn wir alle zurück in Europa sind. Dass wir in so kurzer Zeit so gute Freunde finden würden, hätten Lina und ich uns nie vorstellen können. Mit Lina habe ich schon so viel erlebt, und so genießen wir auch die beste

Woche unseres Lebens zusammen. Abends, wenn wir todmüde im Bett liegen, können wir es immer noch nicht richtig glauben. Wir sind in Hawaii!

Wir wandern auf den Diamond Head, einen großen inaktiven Vulkan, der im Zweiten Weltkrieg als Festung gedient hat. Ich hatte keine Ahnung, wie viele Militäranlagen es auf Hawaii noch gibt. Viele US-Soldaten sind noch immer hier stationiert, was auch zu Spannungen mit der Urbevölkerung führt. Die Ureinwohner wurden von den Küsten vertrieben und können so ihren existenziellen Fischfang nur noch bedingt betreiben. Die Lebenskosten sind auf den Touristeninseln sowieso beinahe unbezahlbar, darum müssen auch viele Hawaiianer mehrere Jobs annehmen, um ihre Familie durchzufüttern.

Die Aussicht von der Spitze des Vulkanes ist gigantisch. Man schaut hinunter auf die weißen Strände, auf Palmen, auf die Hochhäuser von Honolulu und das bewegte Meer.

Das Wellensurfen probieren wir schließlich auch noch aus. So etwas Friedliches habe ich noch nie gemacht. Man paddelt im warmen türkisfarbenen Wasser und genießt den Sonnenschein. Es ist ein reiner Balanceakt und macht unglaublich Spaß. Unser alter braun gebrannter Surflehrer führt uns in die Geheimnisse des Surfens ein, was hauptsächlich aus dem Warten auf die perfekte Welle besteht. Dann lässt man sich mit dem Brett mitreißen und steht auf, ohne das Gleichgewicht zu verlieren. Trotz blauer Flecken an den Hüften und Schürfungen am Bauch stehe ich schon bald wie ein Profi auf dem Brett. Natürlich sieht es noch nicht so professionell aus wie bei Gabriele und Marco. Die beiden Glückspilze surfen regelmäßig in ihrem Heimatstaat Kalifornien.

Nach sechs Monaten Texas genieße ich es in vollen Zügen, wieder einmal zu Fuß unterwegs sein zu können. Wir erkunden Waikiki. In Kleingruppen erobern Lina und ich mit dem Rest unserer Italo-Gang die Großstadt. Die Jungs lassen immer gerne ihre Sprüche auf Italienisch ab und werfen sich dann vielsagende Blicke zu. Wenn Lina und ich sie darauf ansprechen, lächeln sie nur scheinheilig. Vor einer Bar werden wir von Willi, einem alten deutschen Herrn mit bayrischem Hut, angesprochen. Der Siebzigjährige ist begeistert, endlich wieder einmal deutsch sprechen zu können, und will uns gleich auf ein Bier einladen. Soweit lassen wir es aber nicht kommen. Er ist eine der vielen gestrandeten Existenzen: Touristen, die sich ein paradiesisches Leben auf der Insel erhofft hatten und seither ohne Geld für ein Rückflugticket hier festsitzen. Mit dem alten Willi machen wir aber immerhin ein schönes Erinnerungsfoto.

Der Ausflug nach Pearl Harbor ist sehr eindrücklich. Trotz wunderschönem Wetter ist die Stimmung gedrückt beim Rundgang durch die Gedenkstätten der rund tausendeinhundert Soldaten, die hier im Zweiten Weltkrieg gefallen sind. Ein wichtiger Ort für die Geschichte Amerikas, von dem bereits im Geschichtsunterricht in Texas die Rede war. Zum Rundgang gehört auch die Besichtigung eines U-Bootes. Auf kleinstem Raum haben die Soldaten dort geschlafen und zusammengelebt. Klaustrophobie stand auf der Tagesordnung. Das Museum macht die amerikanische Sichtweise des Zweiten Weltkrieges sehr deutlich. Der 7. Dezember 1941, Luftangriff der Japaner, ist hier immer noch spürbar. Die bombardierten Kriegsschiffe U.S.S Arizona und U.S.S Alabama liegen noch immer auf dem Grund in Pearl Harbor.

Am nächsten Tag geht es auf einen Bootstrip mit dem Katamaran. Die Sonne lacht vom Himmel und wir alle lassen unsere Beine im Wasser baumeln. Plötzlich sehen wir eine gigantische Flosse und eine Walmutter schwimmt mit ihrem Baby, nicht allzu weit von unserem Schiff entfernt, vorbei. Wale sind mächtige Tiere und sie live zu sehen ist ein echtes Naturerlebnis. Genauso wie das Schnorcheln in der Hanauma Bay, einer kleinen Bucht, wo wir die Korallenriffe und Wasserschildkröten bestaunen können. Wenn man nicht aufpasst, kann man sich leicht einen Sonnenbrand holen. Schön braune Haut oder Gesundheit: da setze ich meine Priorität auf Letzteres und muss wieder verständnislos an meine texanischen Schulkolleginnen denken, die von ihren Müttern eine Monatskarte fürs Solarium bekommen.

Mit dem letzten Tag kommt auch die typische Ende-der-Ferien-Krise. Es ist alles nur noch schlimmer, da ich mich nicht von all den tollen, neu gewonnenen Freunden verabschieden möchte, und so gar keine Lust auf meine Gastfamilie in Texas habe. Nach dem Frühstück gehen wir alle zusammen noch einmal an den Strand, wo sich meine Freundinnen noch um die letzte Nuance ihrer Hawaiibräune kümmern. Doch meine Hautfarbe sieht trotz Sonne aus wie Schweizer Käse.

Ich denke mir, nach all dem Stress mit dem Familienwechsel war die Hawaiireise die beste Entscheidung. Hawaii gilt als *der* Bundesstaat der USA mit den glücklichsten Menschen. Und glücklich sind wir in der Tat alle hier. Das Strahlen in den Gesichtern wird nicht nur von den *cookie*-Probierhäppchen in all den kleinen Läden an der Strandpromenade hervorgerufen. Wobei die Verkäuferin weniger happy darüber ist, dass wir immer mit unseren sandigen Flip Flops reingetrampelt kommen und alle Plätzchen aufessen, ohne dann etwas zu kaufen.

Am Abend bekommen wir noch einen Einblick in die polynesische Tradition im Rahmen eines sogenannten *Luaus*. Das ist ein traditionelles Fest mit Hula-Tänzen und hawaiianischem Essen. Die Tänzerinnen tragen die typischen Baströcke und Kokosnuss-BHs und bekommen lauten Applaus für ihren Hüftschwung. Bei diesen alten Tänzen hat jede Bewegung ihre eigene Bedeutung. Ganze Geschichten werden mit den Schritten und Bewegungen erzählt.

Das Schwein für das Dinner wird in einem Erdloch mit heißen Steinen über dem Feuer gebraten. Für mich klingt das nicht sehr appetitlich, aber gemäß Lina ist es das beste Fleisch ihres Lebens. Aber auch die vielen Salate und Reisgerichte mit Kokosnuss, Ananas und Sojasoße sind deliziös und geschmacklich unvergleichbar mit den Gerichten, die ich bereits probiert habe. Jetzt kann ich sagen, dass ich sogar selbst schon einmal bei einem traditionell hawaiianischen Hula mitgetanzt habe.

Die Busreise nach Hause wird mir auch in Erinnerung bleiben. Unser Touristenführer ist ganz begeistert von der Idee, einen *harlem shake* im Bus zu machen, bei dem er als Solist anfängt zu tanzen, und dann die ganze Gruppe mitmacht. Bei fahrendem Bus tanzen wir schließlich alle und singen bei blinkendem Partylicht, das wahrscheinlich alle anderen Autos auf der Autobahn irritiert. Gut, dass unser Gruppenleiter ein DJ ist, der uns immer mit bester Musik versorgt.

Am nächsten Morgen heißt es, Abschied nehmen von den Palmen, die zwischen den Hochhäusern von Waikiki aus dem Boden sprießen, und der angenehmen Meeresbrise, die einem um die Nase weht. Goodbye Hawaii, ich weiß nicht, wann wir uns das nächste Mal wiedersehen. Beim Abschied von all unseren internationalen Freunden vergieße ich schon die eine oder andere Träne. Aber wir versprechen uns, dass wir alle, wenn wir erst mal wieder zurück in Europa sind, ein Treffen organisieren werden. Und zu guter Letzt muss ich auch Abschied von Lina nehmen, jedenfalls für die nächsten vierundzwanzig Stunden, was eine lange Zeit ist, wo wir doch sonst immer Tag und Nacht zusammen sind. Die Gute hat ja einen späteren Flug gebucht, sodass wir separat nach Hause fliegen müssen. Ich schreibe alle meine Postkarten im Flugzeug, wozu ich bisher noch keine Zeit hatte.

Als ich morgens um fünf Uhr in Dallas am Flughafen ankomme, bin ich froh, jemanden zu haben, der auf mich wartet. Ich rechne es John hoch an, dass er meinetwegen um vier Uhr morgens aufgestanden ist, um mich mit seinem kleinen Auto abzuholen. Er scheint mir zwar immer noch nicht zu verzeihen, dass ich eine Woche in Hawaii war, während er in der Schule gesessen hat, aber für seinen *favorite foreigner*, seinen Lieblingsausländer, macht er doch alles. Zusammen gehen wir gemütlich frühstücken, bevor er mich zu Hause ablädt.

Der Empfang in der Gastfamilie verläuft nicht so herzlich. Meine Gastmutter ist gerade auf dem Weg in die Schule und fordert mich allen Ernstes auf, direkt mit ihr zu kommen. Da mache ich aber nicht mit, ich muss zuerst eine Dusche nehmen, um mich nach dem schlaflosen Flug wach zu halten.

Back to Reality

Das Leben besteht nicht nur aus Ferien und schon gar nicht nur aus Ferien auf Hawaii. Und das geben uns unsere Gasteltern deutlich zu spüren. Am Samstagmorgen berufen sie eine Familienkonferenz ein. Nichts ahnend gehen Lina und ich nach unten. Dieser Tag sollte uns noch lange beschäftigen. Denn aus heiterem Himmel, ich weiß nicht, was unsere Gastschwester angestellt haben mag, während wir in Hawaii waren, gibt es neue Regeln. Und die passen gar nicht mehr auf eine einzige Seite! Den Computer dürfen wir nicht mehr im Zimmer oder auch nur im oberen Stock benutzen. Auch unsere iPods müssen jeden Abend in die Küche gebracht werden. Das alles sei nur zu unserer eigenen Sicherheit. Wenn das eine Art kollektive Bestrafung ist, für etwas, mit dem Lina und ich nichts am Hut haben, dann geht das hier zu weit. Sie sind schließlich nicht seit einem halben Jahr von ihren Eltern getrennt und nur über Skype verbunden. Ich glaube, das ist eine reale Erfahrung mit Gasteltern der ungemütlichen Art.

In einem halben Jahr werde ich achtzehn und trotzdem darf ich meinen eigenen Laptop hier nur am Küchentisch benutzen.

Ein weiteres Problem ist, dass wir viel zu viel Gemüse und Früchte essen (ein halber Apfel zum Frühstück ist ja wirklich schon sehr viel). Jetzt wollen sie mich wirklich auf eine Hungerkur setzen, wo ich doch jetzt schon mit Mühe und Not das Hühnchen aus dem Essen picke und mich nur von Dosenerbsen und Kartoffeln ernähre. Beim Duschen wird ab jetzt auch die Stoppuhr gestellt, um so Wasser zu sparen. Das ist ja ökologisch gesehen sinnvoll, aber man kann uns ja nicht alle Freuden unseres Lebens streichen.

Zum Glück habe ich mein Tagebuch und Lina, um all meiner Wut und meinem Frust freien Lauf zu lassen. Leid tut mir auch Isabel, die hier noch zwei Jahre leben muss mit ihren strengen Eltern. Wir können glücklicherweise in ein paar Monaten abdampfen, da ist das noch als Härtetest anzunehmen. Wenn es eine Sendung „America's strictest parents" gäbe, dann würden unsere Gasteltern gute Chancen auf Platz eins haben … Lina und ich wollen am liebsten unsere Koffer gleich wieder packen und nach Hawaii zurück. Aber auch wenn uns wirklich nicht mehr zum Lachen zumute ist, verlieren wir unseren Humor nicht. Wie siamesische Zwillinge halten wir zusammen.

Ich nehme es erstaunlich gelassen, denn ich habe wieder etwas, auf das ich mich freuen kann. Meine Tante kommt mich besuchen. Nach sechs langen Monaten werde ich endlich wieder ein Familienmitglied in die Arme schließen können. Die Vorfreude ist riesig und hilft mir gut über die Hawaii-Krise hinweg. Wir sind dabei, unsere Frühlingsferien zu planen. Wahrscheinlich werden meine Tante und ich nach Miami fahren und dort ein paar Tage am Strand verbringen.

Der Sonntag vergeht im Flug, obwohl es heute wieder einmal

ans Eingemachte geht: drei Kirchenbesuche an einem Tag. Wir fahren noch für ein Familientreffen nach Abilene, was in Westtexas liegt. Je mehr man westlich fährt im Bundesstaat Texas, desto trockener wird die Landschaft. Westtexas ist wohl das Klischee, das wir aus den Westernfilmen kennen. Kakteen und abgebrannte Bäume säumen die schnurgrade Autobahn. Wir fahren an vielen kleine Städtchen mit den typischen Wassertürmen vorbei. Neben einem Fast-Food-Stand und einer Tankstelle gibt es hier nichts. Ein paar Farmer, die mit ihrem Bauernbetrieb irgendwo in der weiten Einsamkeit wohnen, verkaufen die regionalen, süßen Pfirsiche am Straßenrand, die für diese trostlose Region typisch sind. Da kann ich ja noch von Glück sagen, dass ich nicht in so einer Pampa gelandet bin.

Bei dem ganzen Rummel um Hawaii habe ich völlig vergessen, dass ich mich für die Fashionshow in der Schule angemeldet habe. So bin ich bis jetzt auch noch nie zu den Proben erschienen. Bei der Kostümprobe haben wir viel Spaß, was hauptsächlich an meinem Outfit liegt, in dem ich locker als Krankenschwester durchgehen könnte. Natürlich trete ich dann auch voll ins Fettnäpfchen, als die russische Austauschschülerin kommt, die gerne mal die Schulflure als Laufsteg benutzt und ihre Heels wahrscheinlich auch zum Sport nicht ablegen würde. Ich wusste nicht, dass sie mein Outfit zusammengestellt hat und fange mir mit meinem Lachanfall einen bösen Blick ein. Wie auch immer, ich versuche, das Beste aus der Situation zu machen. An dieser Show nehme ich meinen Freunden zuliebe teil. Und ob ihr es glaubt oder nicht, mit Musik macht es sogar richtig Spaß, auf dem Laufsteg herumzustolzieren, und das selbst mit meinen mörderischen Absätzen.

Alle, die bei der Modeschau mitwirken, dürfen aus der zweiten Stunde in die große Turnhalle gehen, wo ein riesiger Laufsteg aufgestellt ist. Die Wände sind mit Werbung der Sponsoren tapeziert und auf den riesigen Tribünen findet mehr als nur unsere große Schülerschaft Platz. So professionell habe ich mir das nicht vorgestellt. In der Umkleidekabine herrscht Hochbetrieb. Jedes Model muss frisiert und geschminkt werden. Ich lasse mich von meiner Freundin Sarah schminken. Es ist ihr Debüt als „Make-up-Artistin". Als ich in den Spiegel schaue, kippe ich fast vom Stuhl, denn vor lauter Schminke erkenne ich mich kaum wieder. Es bleibt mir gerade noch genug Zeit, mich halbwegs wieder abzuschminken, bevor ich auf den Laufsteg muss.

Es ist ein unbeschreibliches Gefühl, als ein DJ unserer Schule Musik auflegt, und plötzlich der Scheinwerfer auf mich gerichtet ist. Doch alles verläuft reibungslos. Ich spüre die dreitausend Augen, die auf mich gerichtet sind, während ich über den Laufsteg schwebe und bin ganz benebelt vom Adrenalinflash. Es scheint allen Models so zu gehen, denn der Applaus zaubert uns ein glückliches Lächeln auf das Gesicht. Ich strahle sowieso doppelt, denn in genau vier Stunden werde ich meine Tante in Dallas am Flughafen abholen.

Miami

Mit John und Lina fahre ich abends nach Dallas, um meine Tante abzuholen. Lautstark rege ich mich über den Verkehr auf, der heute besonders schlimm zu sein scheint. Denn das Auto bewegt sich keinen Millimeter vorwärts und vor zehn Minuten kam das Flugzeug aus New York an. John versucht vergeblich, mich zu beruhigen, denn ohne Handy habe ich keine Chance, meine Tante zu erreichen. So muss ich meine arme Mutter in der Schweiz aufwecken, der ich dank iMessage mit meinem iPod schreiben kann, die dann meine Nachrichten weiterleitet. So überdreht, wie ich am Flughafen ankomme, ist es ein Wunder, dass ich keine anderen Reisenden umrenne. Das Areal ist riesig und wir haben Schwierigkeiten, meine liebe Tante überhaupt zu finden.

Irgendwie hat es mit der Kommunikation dann doch geklappt, denn bei der Gepäckausgabe sticht mir eine bekannte Gestalt ins Auge. Ich renne so schnell ich nur kann hin und wir legen eine filmreife Wiedersehensszene hin. Ein unvorstellbarer Gefühlscocktail aus Glück, Geborgenheit und Erleichterung überkommt mich, als wir uns glücklich in die Arme fallen. Tränen laufen mir über die Wangen und wir stünden sicher noch jetzt so da, würde uns Johns Räuspern nicht in die Realität zurückholen. Für eine kurze Zeit kommt alles in mir hoch, die schwierigen Momente und Erfahrungen, und es ist, als ob mir ein riesiger Stein vom Herzen fällt.

Für den ersten texanischen Eindruck beschließen wir, meine Tante zu *Whataburger* zu bringen, wo man die größten und besten *cinnamon rolls* rund um die Uhr bekommt. Ich weiß gar nicht, wo ich mit dem Erzählen anfangen soll, nachdem wir uns seit mehr als einem halben Jahr nicht mehr gesehen haben. Es sprudelt nur so aus mir heraus, und ich bin froh, dass auch Lina mich beim Erzählen unterstützen kann. Mein Deutsch ist holprig und muss erst wieder etwas in die Gänge kommen.

Lina nehmen wir gleich mit zu uns ins Hotel, wo meine Tante verschiedenste Schweizer Leckereien aus ihrem Koffer zaubert. Ich stürze mich auf die Spezialitäten und auf alles, was ich in den letzten Monaten in Texas nicht gefunden habe. Abends kann ich vor lauter Aufregung kein Auge zutun, so viel hat sich in den letzten fünf Stunden ereignet. Ich hätte nicht gedacht, dass es mir so viel Geborgenheit und auch Sicherheit gibt, jemanden aus meiner Familie in meiner Nähe zu wissen. Doch ich ahne jetzt schon, wie schwierig es sein wird, sie wieder gehen zu lassen.

Zum Frühstück ziehen wir das amerikanische Programm weiter durch und gehen fett *pancakes* essen bei *IHOP*. Durch Zufall treffen wir unsere Gastschwester mit ihren Freunden im Restaurant, aber sie ignoriert uns eiskalt. Ich weiß nicht, ob ich etwas verpasst habe, aber nicht einmal ein an meine Tante gerichtetes „Hallo“ bringt sie heraus. Doch ich bin zu glücklich, um auch nur den kleinsten Gedanken an all das zu verschwenden. Heute geht es weiter Richtung Miami. Wir laden Lina zu Hause zusammen mit einem knusprigen Schweizer Vollkornbrot ab. Frisches Brot mit echter Kruste, das haben wir beide schmerzlich vermisst bei all dem weichen Toastbrot. Das wird das erste Mal seit Monaten sein, dass Lina und ich voneinander getrennt sind. Die letzten Monate haben uns zusammengeschweißt, so dass uns beiden bei diesem Abschied auf kurze Zeit etwas schwer ums Herz wird.

Und weiter geht es in Richtung Flughafen. Zum Glück wird im Mietauto das Navigationsgerät gleich mitgeliefert, denn im Straßenchaos von Dallas wären wir beide hoffnungslos verloren gewesen. Ich kann es immer noch nicht glauben, dass ich wirklich „mein Tanti“ bei mir in Texas habe. Gespräche mit ihr sind eben doch etwas anderes als die Gespräche mit den Gasteltern, und so schätze ich den Familienanschluss hier in der Ferne doppelt. So vergehen die Stunden im Flugzeug wie im Flug, und noch am gleichen Abend sehen wir die Lichter von Miami aus der Vogelperspektive. Zuerst Hawaii und jetzt Miami, dieses Jahr ist wirklich voller Highlights. Mama meint schon, danach sei dann wieder für die nächsten fünf Jahre Wasser und Brot für mich angesagt.

In Miami Beach sind wir in einer coolen Jugendherberge namens *Freehand Miami* untergekommen, mit schönem Garten, der zugleich auch als Nachtclub dient. Dort sitzen viele junge gut aussehende Leute und trinken gemütlich einen Cocktail, um in eine lange Nacht zu starten. Die Stimmung ist locker und man kommt schnell mit anderen Reisenden ins Gespräch. Lustigerweise, besonders für meine Tante, werden wir immer für

Schwestern gehalten.

Ganz europäisch machen wir uns zu Fuß auf, um nach einem schnellen Frühstück den Strand zu suchen. Doch es ist einfacher als gedacht, wir laufen die Sixth Avenue hinunter und schon breitet sich der weite, weiße Sandstrand vor uns aus. Ich knipse Fotos um den perfekten Ausblick festzuhalten. Das Meer ist türkisblau und der Strand puderzuckerweiß. Da ich nun endlich jemanden dabei habe, der genauso gerne läuft wie ich, spazieren wir den ganzen Strand hinunter. Hier ist jede Menge los, schon von Weitem kann man den dröhnenden Bass einer *gay party* hören, die gerade in vollem Gange ist. Weiter unten wird ein großes Beachvolleyballturnier ausgetragen. Der Sommer schwebt förmlich in der Luft.

Miami Beach ist nicht so, wie man sich Miami vorstellen mag. Die Straßen sind voller junger Leute in Strandkleidung und keineswegs nur voller Snobs in dicken Autos, wie man es in den Filmen sieht. Stars habe ich leider noch keine getroffen. Ich hatte auch die Meinung, Miami sei um einiges elitärer und abgehobener, doch das südamerikanische Flair gibt der Stadt einen sympathischen Touch. Natürlich gibt es auch die *party people*, genauer gesagt, Studenten vom College, die ihre Frühlingsferien hier mit viel Feiern und Alkohol genießen wollen, doch von denen kriegt man bei Tageslicht eh nicht viel mit. Miami Beach bei Nacht wird zu einer komplett anderen Stadt. Vor den Nachtclubs stehen Männer mit gegelten Haaren und Frauen mit wenig Kleidung am Körper, dafür umso mehr Make-up im Gesicht.

In der Stadt herrscht beinahe ein exotisches Flair durch die weißgetünchten hispanischen Häuser im typischen Kolonialstil. Die Straßen sind von stolzen Palmen gesäumt, die friedlich im Wind hin und her schaukeln. Das Rascheln in den Palmenblättern, die der laue Wind verursacht, das allein ist schon Ferienstimmung pur.

Meine Tante ist mit dem Auftrag meiner Mama nach Amerika gekommen, mich nach der Nahrungsmittelknappheit in meiner Gastfamilie wieder ein wenig aufzupäppeln. Proteine satt tanke ich anhand der vielen leckeren Spezialitäten aus dem Meer. Die Auswahl an kleinen Restaurants an den Strandpromenaden ist groß und überall steht ein aufdringlicher Kellner davor, der uns für sein Menü begeistern möchte.

Mit dem Taxi fahren wir zur Eighth Avenue in Miami City. Miami ist durch einen Meeresarm in zwei Stadtteile getrennt. Miami Beach ist die Halbinsel, die vor Miami liegt, und darum ist Miami City nicht mal eben schnell zu Fuß zu erreichen.

In der Eighth Avenue findet die alljährliche *Calle Ocho* statt, eines der größten kubanischen und hispanischen Festivals der USA. Nicht nur die Eighth, sondern die halbe Stadt ist verstopft mit der tanzenden Menge. Heiße Rhythmen schallen aus den großen Lautsprechern und es gibt viele kleine Live-Bühnen, auf denen südamerikanische Bands ihr Können zum Besten geben. Die fröhliche Stimmung, die von diesem Fest ausgeht, springt wie ein Funke auf uns über. Der Geruch nach frisch gebratenem Fleisch und Zimtgebäck liegt in der Luft. An zahlreichen Ständen werden Speisen aus aller Welt angeboten, von frischer Ananas bis zu würzigem Bohneneintopf. Wir lassen uns von der Menge treiben und schlendern die breite Straße hinunter. An zahlreichen Ständen werden Produkte zu Werbezwecken verteilt. Bereits bei der ersten Bühne bleibt meine Tante hängen, und wir tanzen ein ganzes Konzert durch. Diese Kultur hat so etwas Mitreißendes, dass man gar nicht anders kann, als die Hüften zu schwingen. Sogar die ältesten Männer tanzen mit einer Jugendlichkeit, die ich den Pensionären nicht zugetraut hätte. Miami ist bekannt für die vielen Kubaner, die hier wohnen und ist dadurch sehr von der südamerikanischen Kultur geprägt. Die Straßennamen sind zweisprachig angeschrieben und jede zweite Person spricht Spanisch.

Die Sonne brennt und der Schweiß rinnt in kleinen Bächen nur so an uns herunter. In einer Tanzpause gönnen wir uns eine frische Mango im Schatten einer der wenigen Bäume. Ich habe das Gefühl, nicht mehr auf amerikanischem Boden zu sein, die Leute, die Stimmung und die Musik – alles ist so anders, als ich es aus den USA kenne. Ich bereue schon zutiefst, dass ich mich heute Morgen für meine kurzen Hüftshorts entschieden habe, im Glauben, dass wir den ganzen Tag nur am Strand verbringen werden. Südamerikaner scheinen ziemlich direkt zu sein, denn ich werde immer wieder angesprochen, zum Tanzen aufgefordert und kann die anzüglichen Blicke von allen Seiten spüren. Das ist mir ziemlich unangenehm und ich versuche, meine Tante zu überreden, dass wir langsam nach Hause gehen. Doch das ist nicht so einfach, wo sie doch begeistert weitertanzen möchte.

Unser Nachhauseweg führt uns schließlich durch ein ärmeres Viertel von Miami. Die Häuser sind heruntergekommen und überall in den Gassen hängen gelangweilte Halbstarke herum. Ich glaube, das hat meine Mama gemeint, als sie mir das Versprechen abnahm, nur in sicheren Gegenden herumzuspazieren. Aber meine Tante und ich suchen wagemutig weiter nach der Bushaltestelle. Ich fühle mich nicht mehr ganz so wohl in meiner Haut, als ein Wagen hupend an uns vorbeirast. Ich schwöre mir, diese kurzen Hosen nie mehr in der Stadt zu tragen, denn ich bin ja doch auch selbst Schuld an dieser Situation. Doch schlussendlich kommen wir schweißgebadet bei der Haltestelle an und können ein Bad im kalten Meer kaum noch erwarten. Das waren schon viele Eindrücke für einen ersten Ferientag.

Sogar in den Ferien hat man die Verantwortung, passende Souvenirs für Freunde und Familie zu finden, wenn man auf einem anderen Kontinent herumreist und an solch einem schönen Ort Ferien macht. Postkarten gehören zu den Ferien wie ein gutes Buch zu einem faulen Nachmittag am Strand. Auch wenn die Tradition des Postkartensendens etwas aus der Mode gekommen ist im Zeitalter von *Whatsapp* und *Facebook*, zähle ich mich noch zu einer der wenigen passionierten Kartenschreiberinnen. Denn was gibt es Schöneres, als morgens zwischen den vielen Rechnungen auch noch einen Gruß aus der Ferne im Briefkasten zu finden.

Souvenirshopping hingegen ist immer eine echte Herausforderung. Die Zeit, in den Touristenläden zu schauen, die spare ich mir. Die kleinen Porzellandelfine, die klassischen I-love-Miami-Shirts oder all die bedruckten Frühstückstassen sind nicht gerade die originellsten Geschenkideen. So laufen meine Tante und ich den ganzen Nachmittag die Einkaufspromenade rauf und runter, bis wir für jeden, uns eingeschlossen, etwas Kleines gefunden haben. Ich fühle mich wie im Himmel, als wir uns in ein Café setzen und ein *frozen yogurt* essen. Das ist etwas vom Besten, was ich in Amerika gekostet habe. Man kann seine Portion Joghurteis selbst mit vielen verschiedenen Streuseln, Früchten oder Soßen dekorieren. Das kennt man auch schon in Europa, ich weiß, aber bei den Eisbechern hier kommt man in den Genuss der amerikanischen Übergrößen!

Als wir am Abend zu der Jugendherberge zurückkommen, sind unsere Gepäckstücke wie vom Erdboden verschluckt. Da wir zu faul waren, unsere Koffer auszupacken, heißt das, auch alle unsere Kleider, Schmuckstücke und Schuhe sind weg. Ich versuche, ruhig zu bleiben, doch sogar meine Tante findet die Situation nicht mehr so ganz witzig. Die Rezeptionistin meint, sie hätte keine Gepäckstücke gefunden oder umplatziert, und wisse nicht, wo unser Gepäck sein könnte. Ich sehe es schon vor mir, den Rest unserer Ferien werden wir mit dem Ersetzen unseres Kofferinhalts beschäftigt sein. Was für ein Pech aber auch, wo wir doch nur eine Woche in Miami sind. Auf ein zweites Mal Powershopping habe ich wirklich keine Lust.

Doch als wir am nächsten Morgen zum Frühstück hinunter in die Eingangshalle gehen, sehe ich schon von Weitem zwei einsame Koffer in der Ecke stehen. Unsere! Das Putzpersonal hatte versehentlich unser Gepäck in den Abstellraum für gefundene Gepäckstücke gestellt. Wir sind zu glücklich, um dem Missgeschick auch nur noch mit einem Gedanken nachzuhängen.

Ich finde es immer spannend, wie die Tages- und die Nachtseite von Miami aufeinandertreffen. So sieht man an der Strandpromenade unzählige *Corvettes* und *Mustangs*, deren Fahrer mit lautstarker Musik ihr Auto vorführen möchten. Am Strand laufen Mitarbeiter der Nachtclubs herum und verteilen eifrig Flyer für die Party am kommenden Abend. Auch wir werden immer wieder aufs Neue angesprochen, doch wir sind abends viel zu müde, um noch groß feiern zu gehen.

Unsere gemütlichen Strandtage vergehen wie im Flug. Außer lesen und baden, kann ich nun auch meinen Aktivitätsdrang ausleben, denn meine Tante läuft genauso gerne wie ich. So laufen wir den Strand unzählige Male rauf und runter. So viel gelaufen, wie hier in Miami, bin ich in meiner ganzen Zeit in Texas nie. Ich habe auch ganz vergessen, wie es sich anfühlt, mit jemanden, der einen wirklich kennt, richtig zu reden. Mit meinen amerikanischen Freunden und der Gastfamilie sind die Gespräche doch immer ziemlich oberflächlich geblieben. Umso mehr genieße ich es nun, mir einmal alles von der Seele reden zu können und so mangelt es uns nie an Gesprächsstoff. Wenn ich von meiner Tante spreche, klingt das so, als handle es sich um eine ältere Dame. Doch das entspricht keineswegs meiner junggebliebenen, aktiven Tante, der ich nicht nur äußerlich ziemlich ähnlich bin. Und wie schon erwartet, möchte ich sie nicht mehr gehen lassen. Denn seit sie hier in den Staaten ist, fühle ich mich so sicher. Ich bin nicht mehr so auf mich alleine gestellt und kann hin und wieder ein wenig innerlich entspannen.

Doch wie immer, wenn es gerade am schönsten ist, kommt das Ferienende schnell näher. Aus der Ferne betrachtet, kommt mir mein Leben in Texas noch mehr wie in einem Käfig vor. Denn unsere Gastfamilie lässt uns neben Schule und Kirchgang nicht viele Freiheiten. Man kann sich vorstellen, dass es nach so einer schönen Woche nicht einfach sein wird, wieder zurück nach Texas zu gehen. Diese Woche war unter vielen anderen schönen Momenten sicher ein Highlight meines Austauschjahres. Doch ich freue mich auf Lina. Ein Hoffnungsschimmer! Es scheint mir, als ob wir Monate getrennt gewesen sind. Und auch meine texanischen Freunde sind mir schon sehr ans Herz gewachsen. John hat angeboten, uns mit Lina zusammen am Flughafen abholen zu kommen.

Meine Tante und ich haben uns schon überlegt, für ein paar Monate in Miami unterzutauchen. Natürlich nur aus Spaß, auch wenn der Gedanke verlockend klingt.

An unserem letzten Ferientag fahren wir zu den Everglades. Das ist ein riesiges Naturschutzgebiet, nicht weit entfernt von Miami, das auch Grasfluss genannt wird. Das Gebiet reicht vom Lake Okeechobee im Norden bis an die äußerste Südspitze der Florida-Halbinsel. Es handelt sich bei dem riesigen Schutzgebiet vor allem um typisches Sumpfgewässer, das vielen wilden Tieren, unter anderem auch den gefürchteten Alligatoren, Lebensraum bietet. Da bereits viel Land zur Besiedlung trockengelegt wurde, haben die Everglades eine große Bedeutung für das *wildlife* von Florida. Nah am Naturreservat befindet sich auch ein Reservat der Miccosukee-Indianer, die die Touristentouren leiten.

Mit einem flachen Motorboot kann man durch die Seenlandschaft mit ihren elastischen Gräser fahren und dabei nach

Alligatoren Ausschau halten. Unser Tourguide reicht uns die Hand, damit wir ins wackelige Boot steigen können. Das spezielle Sumpfboot startet gemächlich und düst dann mit steigender, aber immer noch kontrollierter Geschwindigkeit durch die Gräser und Mangrovenbäume der Everglades. Anstatt eines Abreiß-Tickets, wie sonst überall bei einem Ausflug in Amerika, bekommen wir hier Ohrenstöpsel von unserem Reiseführer gereicht, die unsere Ohren vor den lauten Motorengeräuschen schützen sollen. Der leichte, warme Frühlingswind scheint uns immer weiter hineinzutragen in eine andere Welt. Direkt aus dem High-Society-Lifestyle des nahe gelegenen Miami in die unberührte wilde Natur. Und wirklich, ich sehe schon bald den ersten Alligator im seichten Wasser dösen. Alle Touristen auf dem Boot zücken ihre Kameras und auch ich versuche einen guten Schnappschuss zu schießen. So nah kommt man sonst nie an die wilden Tiere heran. Obwohl es sehr faule Tiere sind, möchte ich nicht gerne in diesem Gewässer baden gehen. Am Ende des Bootstrips führt uns der einheimische Tourguide noch ein paar wagemutige Tricks mit den Alligatoren vor. Wenn man den Tieren die Augen zuhält, haben sie keine Orientierung und sind so auch handzahm. Aber sonst schnappt das Maul mit den scharfen Zähnchen schnell mal zu. Eine weitere Attraktion ist das kleine Alligatorenbaby mit einem Klebeband ums Maul, mit dem man ein Erinnerungsfoto schießen kann. Das arme Tierchen wird tagaus, tagein von Hand zu Hand gereicht und muss als Fotomotiv herhalten.

Vier Stunden und mehrere hundert Fotos später sind wir wieder zurück in Miami. Noch ein letztes Mal zum Strand gehen und dann heißt es Abschiednehmen vom Ferienparadies. Am Strand sammeln wir noch ein paar Muscheln, für mich die besten Souvenirs. Seit ich im Kindergarten das erste Mal das Meer in der Muschel rauschen gehört habe, bin ich fasziniert von den Schätzen der Meere. Es ist, als ob man einen Teil des Meeres mit nach

Hause ins Alltagsleben nimmt. Wir packen unser Gepäck und zusammen mit den Strandkleidern nehmen wir ungewollt auch viel Sand von Miami Beach mit nach Hause.

Im Flugzeug schweift mein Blick aus dem Fenster auf die Wolken, die wie Wattebäusche in der Luft schweben, und meine Ferienendzeitdepression vergeht. Das Leben ist eine einzige Reise und ein neues Abenteuer wird nicht lange auf sich warten lassen. Wir haben das Privileg, uns einfach zurückzulehnen und den Moment zu genießen.

John und Lina warten schon am Gate, als wir in Dallas ankommen. Wie schön, wenn man von einem Empfangskomitee erwartet wird. Die Sonne scheint und der Himmel ist blau. Zusammen gehen wir alle etwas essen, und die Wahl des Restaurants fällt John nicht schwer. Als Texaner sieht er es als seine Pflicht an, meine Tante in ein richtiges Tex-Mex-Restaurant zu bringen. Bei Taccos und Fajitas erzählen wir unsere Erlebnisse von Miami. Ich stelle meine Tante auch noch meiner Gastfamilie vor. Meine Tante und ich laden sie zum Abendessen ein. Jedoch will das Gespräch nicht so richtig in Gang kommen, obwohl Lina und ich unser Bestes als Gesprächsanimatoren geben.

Am nächsten Tag muss ich mich von meiner geliebten Tante verabschieden. Ich habe gewusst, dass das nicht einfach werden wird, da ich noch für vier weitere Monate hier in Texas bleiben werde. Doch die schöne Zeit ist der Abschiedsschmerz am Ende wert. Trotzdem fließen ein paar Tränen, doch meine Schwester Lina ist an meiner Seite, um mich zu trösten. Eine Schwester, die ich hier in Texas bekommen habe. Das ist ein riesiges Glück, denn sonst bekommt man in meinem Alter nicht so einfach mal eine Schwester geschenkt. Mit vielen Geschenken, Grüßen und Fotos für meine Familie im Gepäck fährt meine Tante frühmorgens zurück an den Flughafen. Lina und ich verschlafen den halben Sonntag.

Als wir erwachen, ist die Gastfamilie zum Lunch ausgeflogen. So improvisieren wir, mit dem was der Kühlschrank noch hergibt. Und zu zweit haben wir ja eh immer unseren Spaß. Wenn wir noch zu *Starbucks* gehen, ist die Entspannung perfekt und unser Sonntagnachmittag gerettet. Da braucht es nicht viel mehr als Lina im Schlepptau, einen Kaffee und freien Internetanschluss. „Hallo, auch wieder einmal hier? Für dich wie gewöhnlich ein Eiskaffee?", werde ich freundlich von den Angestellten begrüßt, mit denen wir uns bei unseren vielen Besuchen schon angefreundet haben.

Morgen fängt die Schule wieder an, dann ist Schluss mit den vielen Ferien, und der Alltag beginnt wieder. Unsere Gastmutter wird schon dafür sorgen, dass dem Lotterleben ein Ende gesetzt wird.

Shattered Dreams

Mit dem heutigen Montag starte ich nicht gerade gut in die neue Woche und in meine letzte Schuletappe in den USA. Doch Montage liegen mir einfach nicht, das ist ja nichts Neues. Montage kann man sowieso gleich in den Mülleimer packen, denke ich mir und ziehe aus Protest einen mausgrauen Pullover an. Frühstück esse ich nicht mehr so gerne, da ich wegen des Morgentennis mit meiner Gastmutter früher zur Schule fahren muss. Gemütlich frühstücken ist eh kein Thema mehr, ich habe das Gefühl, sie zählt mit Adleraugen jedes Körnchen mit, das ich esse. Nach einer Woche mit meiner positiven und herzlichen Tante, kommt mir das Verhältnis zu meiner Gastmutter nur noch kälter vor. Aber wir können uns gut unterhalten, immerhin. Jeden Morgen suche ich im Auto nach einem Thema für den alltäglichen Small Talk und lasse sie dann einfach reden. Ich lehne mich zurück, bis wir in der Schule angekommen sind. Der Tag wird nicht besser im Tennistraining, denn der Coach will mich wieder mal zu einem Turnier schicken. Aber dieses Mal habe ich nicht mehr Lina im Rücken, sondern ich werde mit einer anderen Anfängerin auf dem Platz stehen. Das kann ja heiter werden.

Doch solche Tage sind normal. Und auch Tiefpunkte sind normal im Austauschjahr. Das heißt keineswegs, dass man lieber kein Jahr in der Ferne verbringen sollte. Denn jede schwierige Situation, Herausforderung oder Auseinandersetzung macht einen nur noch stärker. Spaß hält nicht länger als einen Moment, an Schwierigkeiten wächst man längerfristig und lernt fürs Leben. Die Freundschaften sind Investitionen für ein ganzes Leben. Ich weiß noch gar nicht, wie es sein wird, wenn Lina und ich wieder getrennt leben. Der Familienwechsel hat uns nur noch mehr zusammengeschweißt. Denn seither machen wir so ziemlich alles gemeinsam. Wir haben die gleichen Schuhe, helfen einander beim Frühstück aus, tragen den gleichen Nagellack und haben unseren eigenen Humor.

Diese Woche haben wir zwei verrückte Tage in der Schule. Ein Programm namens *Shattered Dreams* wird durchgeführt zur Alkohol- und Drogenprävention. Hier in der Gegend hat man große Probleme mit Jugendlichen, die nach Partys betrunken nach Hause fahren und so viele Unfälle verursachen. Vor allem am Schuljahresende gibt es jedes Jahr immer mehrere Tote nach der *graduation party*. In Europa haben wir die Möglichkeit, mit dem öffentlichen Verkehr nach Hause zu fahren. So einfach haben es die amerikanischen Jugendlichen nicht. Sie fahren oftmals lieber halb betrunken nach Hause, als ihre Eltern anzurufen. Das hat auch mit der geringen Akzeptanz von Alkohol in der Gesellschaft zu tun. Alkoholgenuss ist vor allem im religiösen Texas sehr streng geregelt und auch gesellschaftlich oft verpönt. Die Angst vor der Reaktion der Eltern ist größer als die Furcht, einen Autounfall zu bauen und dabei noch Mitmenschen zu gefährden. Der Sohn einer Freundin unserer Gastmutter ist auch nach einer *graduation party* ums Leben gekommen. Solche tragischen Geschichten setzen einem zu. Er hatte noch das ganze Leben vor sich und setzte sich ein letztes Mal mit einem betrunkenen Freund am Steuer ins Auto. Darum investiert unsere Schule viel in die *anti-drinking-and-driving-prevention* und spielt einen richtigen Autounfall nach, mit Schülern von unserer Schule als Statisten. Natürlich wurde alles im Voraus geheim von der Lehrerschaft und dem Projekt *Shattered Dreams* so geplant, sodass die Schülerschaft keine Ahnung hatte:

Ich sitze gerade recht gelangweilt im Englischunterricht, als es plötzlich heißt, zwei Schülerautos seien auf dem Schulparkplatz kollidiert. Mit der ganzen Schülerschaft ströme ich nach draußen, wo tatsächlich zwei Autowracks mit zerbrochener Windschutzscheibe stehen. Eine beliebte Schülerin liegt mit blutiger Schramme im Gesicht bewusstlos am Boden und auch im anderen Auto sind alle schwer verletzt. Ich halte den Atem an und habe einen Moment lang echt das Gefühl, mich an einem richtigen Unfallort zu befinden. Es scheint nicht nur mir so zu gehen, denn ein paar Mädchen aus der Publikumsmenge fangen an zu weinen. Sie scheinen mit den Statisten befreundet zu sein. Es geht total unter die Haut, als die Polizei und die Ambulanz mit Blaulicht angefahren kommen und völlig realistisch vorgehen. Die Polizei führt den nur leicht verletzten Fahrer, der den Unfall verursacht hat, gleich ab, nachdem der Alkoholtest positiv ist.

Es ist klar, das Programm will auf die harte Tour abschrecken und bewirken, dass ja alle Jugendlichen die Hände vom Alkohol lassen. In der großen Turnhalle versammelt sich die ganze Schule, nachdem die Ambulanz abgefahren ist. Auf der Leinwand wird ein Film gezeigt, was vor dem Unfall passiert ist. Man sieht die Unfallopfer trinken und Party machen, bevor sie beschließen, nach Hause zu fahren.

Am Nachmittag geht das Abschreckungsprogramm noch weiter. Alle fünf Minuten wird eine Person aus dem Unterricht geholt und mit weißer Farbe im Gesicht und einem weißen Kleid als *walking death* wieder zurückgebracht. Diese Personen werden für „tot" erklärt und dürfen dann den Rest des Tages nichts mehr sagen. Das soll an die Menschen erinnern, die alle fünf Minuten wegen Alkohol hinter dem Steuer ums Leben kommen.

So eindrücklich das auch sein mag, das finde ich dann schon ein wenig übertrieben. Vor allem, als diese *walking deaths* dann bei Schulschluss mit ihrem eigenen Kreuz vor der Schule stehen.

Die Leute, die als *walking deaths* mitwirken, gehen nach der Schule nicht nach Hause, sondern haben ein organisiertes Programm in der Turnhalle, wo sie auch übernachten. Sie müssen ihren Eltern einen Abschiedsbrief schreiben. Das ist eine ziemliche emotionale Herausforderung für so junge Menschen, sich so stark mit dem Tod auseinanderzusetzen. Ich weiß nicht, ob ich das gemacht hätte. Auch die Eltern dieser Kinder schreiben dann Briefe an ihre „toten" Kinder, die nachher ausgetauscht werden.

Am nächsten Morgen gibt es wieder eine Veranstaltung in der Turnhalle. Nach einer langen eindrücklichen Rede eines Sanitäters und des Bruders eines verstorbenen Unfallopfers werden zwei Abschiedsbriefe laut vorgelesen. Spätestens jetzt heult die ganze Schule. Ich möchte nichts Anderes, als einfach meine Mama in die Arme nehmen und ihr sagen, wie gerne ich sie habe. Für mich persönlich geht es dann schon etwas zu weit, als zwei Särge in die Turnhalle getragen werden, die mit dem Namen der verstorbenen Schüler von gestern versehen sind. Das Programm zeigt auf jeden Fall seinen Erfolg. Denn nach dieser emotionalen Tortur werden viele der Schüler keinen Alkohol mehr konsumieren. Das ist auch das Ziel, denn die *graduation* steht vor der Tür. Ich finde, für uns Austauschschüler ist es besonders hart, weil alle anderen Schüler nach Hause gehen und ihre Eltern in die Arme schließen können. Nur wir nicht. Denn das ist genau das, was man machen möchte, nachdem man gesehen hat, wie zerbrechlich das Leben ist. Ich skype auf der Schultreppe mit meiner Mama und sie ist etwas geschockt, als ich ihr von der Intensität dieses Programmes erzähle. Doch ich glaube, es schadet nichts, den Schülern unserer Schule etwas die Augen zu öffnen.

Als ich am nächsten Tag während der Pause an der Statistin vorbeilaufe, die den Part des verstorbenen Opfers gespielt hat, erschrecke ich für einen Moment. Aber dann atme ich tief durch und sage mir nochmals, dass das gestern doch alles nur Theater war, ziemlich realistisches Theater allerdings.

Schon lange schlagen Lina und ich uns mit dem Gedanken herum, dass wir gerne nochmals unsere Gastfamilie wechseln würden. Wenn wir mit anderen Austauschschülern sprechen, die in ihrer Gastfamilie eine zweite Familie gefunden haben, werfen wir uns nur einen traurigen Blick zu. Denn, wie bereits der erste Austauschschüler unserer Gastfamilie, werden auch wir nach Abreise kaum den Kontakt halten. Doch unsere Koordinatorin hat dafür gar kein offenes Ohr. So machen wir das, was wir uns in den letzten Wochen so gut angeeignet haben, wir machen das beste aus unserer Situation. Mit einer positiven Einstellung und einem natürlichen Optimismus kommt man viel einfacher durchs Leben.

Diese Strategie wende ich auch bei den Tennisturnieren an. Obwohl es schon viel besser geht und ich mittlerweile nach den Regeln spielen kann, muss ich oftmals über mich selbst lachen, wenn der Ball am anderen Ende des Tennisplatzes landet. Doch zum Glück nehmen es auch meine Tennispartner ziemlich locker und so steht der Spaß am Spiel an erster Stelle. Bei unserem

Coach haben wir zwei Austauschschülerinnen sowieso ein Stein im Brett, weshalb wir immer einen Bonus haben.

Mancher Frühlingsmorgen in Texas ist eisig kalt. Die Texaner nennen es *crisp*: Blauer Himmel, Sonnenschein, aber nicht über null Grad. An solchen Tagen ist es besonders kalt mit meinem neuen Tennisrock am Turnier. Vor allem, weil man dann trotzdem noch so hinterlistig von der Sonne verbrannt wird. Doch ich freue mich immer schon am Morgen des Turniers auf das gemeinsame Essen danach. Und da bin ich sicher nicht die Einzige. Denn nach auswärtigen Spielen gehen wir alle zusammen noch etwas essen. Da gleichen wir unser Kaloriendefizit nach einem langen Turniertag mit Fast Food wieder aus. Diese klischeehafte Seite von Amerika gehört einfach auch dazu. Von daher weiß ich, dass unser Coach seinen Bauch sorgsam antrainiert hat, mit Bergen von Pizza, die er verdrücken kann. Da lässt ihn auch seine Cola Light nicht schlanker werden.

Spring

Jetzt geht es rapide dem Ende meines Austauschjahres zu. Das Flugticket wurde mir schon zugeschickt von meiner Schweizer Organisation. Da kommen schon gemischte Gefühle auf. Das heißt, noch jeden amerikanischen Tag genießen! Eineinhalb Monate und ich bin wieder zu Hause in der Schweiz. Dieser Gedanke schießt mir auch durch den Kopf, als ich auf den Kalender blicke und da tatsächlich schon April steht. Das Wetter ist so gar nicht frühlingshaft. So waren es im Winter um die dreißig Grad, dafür ist es jetzt eisig kalt. Ich glaub da macht nicht nur der April, was er will, sondern das texanische Wetter hält sich allgemein an keine Regeln.

Natürlich kennt man die Tradition, sich am ersten April gegenseitig zu veräppeln, auch hier in Amerika. Diesmal hecke ich eine fiese Nummer für meine Mama aus. Ich schreibe ihr per Messenger, dass ich in großen Problemen stecke. Ich sitze angeblich im Büro des Schulrektors, nachdem in meinem Schulrucksack ein Beutel Pfefferminztee gefunden wurde und fälschlicherweise für Marihuana gehalten wird. Meine arme Mama beißt voll an, und ich kann ihre sorgenvolle Stimme förmlich hören, als sie schreibt, ob die Texaner jetzt völlig von allen guten Geistern verlassen seien. Man könne doch nicht Pfefferminz mit Marihuana verwechseln, ob mir denn wirklich niemand glaube. Doch ich schreibe nur, es sei schon zu spät und meine Koordinatorin sei schon kontaktiert worden. Die Wahrscheinlichkeit, dass ich dieses Mal wirklich nach Hause geschickt werde, sei groß. Ich muss zugeben, das ist ziemlich fies, denn so unwahrscheinlich ist so etwas wirklich nicht. In der Vergangenheit hatten wir schon aus den dümmsten und dämlichsten Anlässen riesige Dramen. Darum ist meine Mutter auch berechtigterweise ein wenig böse, als ich den dummen Scherz auflöse. Aber so was gehört halt einfach dazu am ersten April.

Auch in der Tanzklasse geht es dem Endspurt zu, und wir lernen jetzt schon den Tanz mit farbigen Cheerleaderpuscheln für die Sommershow. Bei aller Prüderie der Texaner können die Röcke der Cheerleader wiederum nicht kurz genug sein. Der sogenannte Drill-Team-Tanzstil ist ein Mix aus Cheerleading und Tanz mit militärischer Disziplin, Synchronität und Genauigkeit. Ursprünglich entstand diese Richtung, um die American Football Fans über die Pause hinweg zu unterhalten. Die Begründerin dieser Stilrichtung, Gussie Nell Davis, kam sogar aus Texas. Mit ihrem Team, den *Kilgore Rangerettes* führte sie in der Mitte des Spielfeldes eine Tanzshow auf mit wechselnden Formationen und zu marschartiger Musik, während die *Texas Ranger*s in der Pause waren. Heute ist es längst mehr als nur Pausenunterhaltung. Jede Highschool hat ihr eigenes Drillteam, die an Wettbewerben gegeneinander antreten. Unsere Schule wird von den *Sun Dan-*

cers vertreten. Doch ich muss sagen, das macht richtig Spaß und ist dazu noch eine echte texanische Erfahrung.

Ostern feiern wir mit der Gastfamilie und ganz vielen Verwandten. Das jedoch erst nach dem Gottesdienst, der an diesem Feiertag doppelt so lang ist wie gewöhnlich. Es gibt so viel leckeres Essen. Meine Gastmutter hat sich für die Gäste ordentlich ins Zeug gelegt. Es gibt Chili, Salate und ofenfrische *rolls*, so nennen die Amerikaner die kleinen, weichen Süßteig-Brötchen. Zum Nachtisch gibt es *apple pie* wie aus dem Bilderbuch mit zuckersüsser Füllung, bunte Cupcakes und ganz viele *jelly beans*. Der amerikanische Osterhase bringt keine Schokolade, sondern *jelly beans*, das sind kleine, kunterbunte Zuckereier. Und da wir ja im südlichen Texas schon so gut wie in Mexiko sind, haben wir die mexikanische Tradition von Konfetti-Eiern auch noch mitgemacht. Diese schlägt man sich gegenseitig an den Kopf, was Glück bringen soll.

Danach macht die ganze Familie eine Siesta, die ich ausnahmsweise auch einmal mitmache. Ich bin nicht nur überzuckert, sondern befinde mich komplett im *food coma*.

Wie wir schon wissen, ist es nicht einfach, ein Wochenende zu planen. Denn die Freunde müssen nicht einfach nur Zeit haben, sondern vorzugsweise auch noch Autofahren können. Dann muss die Gastfamilie noch ihr Okay geben, und es muss noch genügend Geld auf dem Konto sein für Bowling, Shopping, Essen oder andere beliebte kostspielige Freizeitbeschäftigungen. Wenn das alles passt, muss man noch damit rechnen, dass die lieben Freunde mit Verspätung kommen oder kurzfristig absagen. Das ist aber nicht sehr oft der Fall. Doch ich weiß nicht, ob ich mit der Schweizer Pünktlichkeit noch zurecht kommen werde, wo man es in Texas etwas gemütlicher nimmt.

Das Transportproblem geht mir aber wirklich zunehmend

auf die Nerven. Da unsere Gastfamilie keine Zeit hat, uns herumzuchauffieren, sind wir ganz auf unsere Freunde angewiesen. Denn zu Fuß kommt man im weitläufigen Texas nicht weit und auch den öffentlichen Verkehr sucht man in einem Vorort wie Keller vergeblich. Wenn man aus diesem Grund dann nicht von zu Hause wegkommt, ist die Laune in Keller tatsächlich im Keller.

Umso mehr schätzen wir es, wenn wir irgendwo hingehen können. Heute, Samstag, gehen wir mit unserer Koordinatorin Jessica zum ersten Mal zu einem richtigen Rodeo. In der Innenstadt von Fort Worth gibt es eine echte Cowboystadt wie aus einem Westernfilm mit Saloons, Pferdekutschen und natürlich vielen Touristenläden – Fort Worth Stockyards. Es handelt sich dabei aber nicht nur um eine Touristenattraktion. Bevor die Eisenbahn erfunden wurde, war hier wirklich der Hauptstopp für Warentransporte per Pferd und Wagen und für Cowboys mit ihren Kuhherden. Es wurde bei den *stockyards* reger Kuhhandel betrieben, und darum war es auch als *cowtown* bekannt. Die Häuser erinnern an diese Zeit, als die Cowboys hier in die Kneipen gingen.

Ich nutze die Gelegenheit, um Erinnerungsfotos mit Cowboys und ihren Stieren zu schießen, um endlich die erwarteten klischeehaften Fotos von Texas nach Hause schicken zu können. Danach schauen wir uns noch die Rodeo-Championship an, wo schon die jüngsten mutigen Jungs ihr Bestes geben, um sich so lange wie möglich auf einem wilden Bullen zu halten. Mit vielen anderen Zuschauern sitzen wir in der großen Arena. Zwischen all den Cowboyhüten und Cowboystiefeln stechen wir mit unseren Sonnenbrillen im Haar und Turnschuhen an den Füßen ganz schön aus der Menge. Ich halte jedes Mal die Luft an, wenn ein Reiter in hohem Bogen vom Stier geworfen wird. Kampfrichter bewerten dann den Ritt und vergeben Punkte. Nicht ganz ungefährlich, die Sache. Aber das gehört zur Tradition der Cowboys, wie die Berge zur Schweiz. In vielen Highschools hier in der Gegend kann man sogar einen Rodeo-Kurs besuchen, eine alte Cowboy-Tradition. Es kann sich sogar noch lohnen, denn schon in der Kategorie der Jüngsten wird um einen Tausend-Dollar-Schein gekämpft. Zu einem richtigen Rodeo gehören Nachos, Hotdog und ein *root beer* (alkoholfreies Kräuterbier).

Konzert

Amerikanische Eltern oder, man darf ja nicht verallgemeinern, zumindest meine Gasteltern sind kompliziert. So dürfen wir uns beispielsweise keine Snacks nach dem Abendessen mehr holen, aber sie selbst gönnen sich massenhaft *cream pies* vor dem Fernseher. Auch wenn unsere Gastmutter es oft versucht zu verheimlichen, habe ich sie schon paar mal dabei erwischt, wie sie nach dem Essen in die Vorratskammer schlich, um sich einen *cream pie* zu holen. Ein *cream pie* ist ein Doppeldecker aus zwei Keksen mit einer marshmallowartigen Füllung, eine echte Zuckerbombe also. Kein Wunder gibt es immer so wenig zu Essen, wenn sich unsere Gasteltern später noch mit Süßigkeiten den Hunger stillen. Uns ist es jedoch nicht erlaubt, in unseren Zimmern zu essen. Wir werden immer schmaler und ihre Hüften immer runder. Auch Tischsitten sind kein großes Thema. So geben Lina und ich uns immer Mühe, anständig mit Gabel und Messer zu essen, während unsere Gastfamilie alles nur mit einer Gabel zerdrückt und in den Mund schaufelt. Schmatzgeräusche mögen ja zum Essen dazugehören, aber als der Gastmutter einmal ein lauter Rülpser am Tisch herausrutscht, geht es dann doch zu weit. Lina kickt mir unter dem Tisch ans Schienbein und ich zähle langsam im Kopf bis fünf, um nicht lauthals loslachen zu müssen. Gegen diese Familie haben Lina und ich Tischmanieren wie Knigge persönlich.

Ich erzähle ihnen auch schon seit Wochen von dem Konzert

meiner Lieblingsband *Two Door Cinema Club*, zu dem ich gerne gehen möchte. Meine Gastmutter meint, das sei kein Problem. John hat beim Radio zwei Gratistickets für das Konzert in Dallas gewonnen und ich würde dafür sterben. Aber als ich die Gastmutter am Tag vor dem Konzert noch einmal daran erinnere, tut sie so, als ob sie das erste Mal von meinem Plan höre. „Da musst du deinen Gastvater fragen", meint sie nur. Und das ist nie ein gutes Zeichen. Denn dieser ist auch wie ausgewechselt und meint, das mit dem Konzert könne ich mir abschminken. Es wäre inkonsequent von ihnen als Eltern, mich nach Dallas in ein Konzert gehen zu lassen, wenn sie das ihrer eigenen Tochter nicht erlauben würden. Ich könne glücklich sein, dass ich bis zehn Uhr abends weggehen dürfe. Nun, wie bereits erwähnt: amerikanischen Gasteltern widerspricht man nicht. Es ist zwecklos anzumerken, dass das Konzert erst um neun Uhr abends beginnt und ich für dieses Konzert eine Ausnahmeregelung bräuchte.

Doch dieses Konzert lasse ich mir auf keinen Fall durch meine Gasteltern vermasseln. Ich frage Jessica, unsere Koordinatorin, ob ich diese Nacht bei ihr übernachten könne. Und tatsächlich findet sie eine Ausrede, damit Lina und ich die Nacht bei ihr verbringen können. So kann ich zu meinem Konzert gehen und dort bleiben bis es fertig ist. Manchmal muss man einfach kreativ nach Lösungen suchen und sich nicht unterkriegen lassen, statt sich im Stillen über die ungerechten und nicht nachvollziehbaren Entscheidungen der Gasteltern zu ärgern.

Aus Erfahrung habe ich drei Tipps erarbeitet im Umgang mit Gasteltern, die der gleichen schwierigen Sorte wie unsere angehören:

Alle Verabredungen immer mindestens eine Woche im Voraus ankündigen.

Immer freundlich um Erlaubnis fragen, auch wenn es sie eigentlich nichts angeht, ob man jetzt ins Shoppingcenter oder zum Bowlen fährt. Und im Englischen ist es noch viel wichtiger, dass man Höflichkeitsformeln wie „Would you mind …" anwendet und lieber ein „please" zu viel anhängt.

Nie versuchen, den Gasteltern zu widersprechen oder mit ihnen über eine bereits beschlossene Sache zu diskutieren. Das wird als respektlos angesehen. Man kann versuchen, ganz freundlich seinen Standpunkt zu schildern, sollte aber nicht zu viele Hoffnungen darauf setzen, dass man sich auf einen Kompromiss einigen wird.

Allgemein gilt, nicht alle Regeln, die einem vorgesetzt werden, sind nachvollziehbar oder logisch, aber daran halten muss man sich trotzdem. Ich habe den Eindruck, manchmal geht es mehr darum, die eigene Macht zu demonstrieren.

John holt mich gleich nach der Schule ab und schon im Auto stimmen wir uns mit passender Musik auf *Two Door Cinema Club* ein. Hier hören die Jugendlichen mehr Hip-Hop und Rap. Indie-Musik ist nicht so bekannt. Umso glücklicher bin ich, als ich herausfinde, dass John und seine Freunde ähnliche Musik hören wie ich.

In Downtown Dallas gibt es eine richtige Hipster-Szene. In den alten Backsteinhäusern sind moderne Restaurants und Bars eingezogen, die chillige Jazzmusik spielen und Fairtrade-Kaffee ausschenken. Vor der Konzerthalle *Palladium Ballroom* stehen schon viele Leute in voller Fan-Montur an. Wir haben Glück und können vorne in der Schlange einsteigen, da Johns Freunde schon seit einer Stunde anstehen. Als Austauschschüler ist man immer mit Leuten zusammen, die man noch nie zuvor im Leben gesehen hat, und darum macht es mir nichts aus, dass ich niemanden aus der Gruppe kenne außer John.

Ich kann es kaum erwarten, dass das Konzert anfängt. Als Vorband spielt ein verrückter Typ, der an seinem Mischpult herumexperimentiert und so die Menge schon richtig anheizt. Als dann *Two Door Cinema Club* auf die Bühne kommen, kocht der

Saal. Sie legen gleich los mit einem meiner Lieblingslieder und ich bin überglücklich, dass ich es in dieses Konzert geschafft habe, trotz besagter Hindernisse. Es ist einer der perfekten Momente, die man so nur in einem guten Konzert erleben kann. Berauscht von der Musik möchte man, dass die Welt stehen bleibt, und ist einfach nur glücklich. Zusammen mit Donny rocke ich richtig ab, obwohl ich ihn erst seit einer Stunde kenne. Live ist die Band noch besser als auf CD. Es handelt sich um eine irische Gruppe und die Musiker haben, ganz klischeehaft, nebenbei alle noch ein Bierchen gekippt. Es herrscht Bombenstimmung, obwohl mir ständig jemand auf die Füße tritt beim Tanzen. Die Fangemeinde ist bunt gemischt. Von jungen kreischenden Mädchen bis zu obercoolen James-Dean-Verschnitten ist alles vertreten. Nach drei Zugaben ist der ganze Spaß vorbei. Aber man stelle sich vor, meine Gasteltern hätten mich schon um zehn Uhr nach Hause geholt! Ich hätte den besten Teil verpasst.

Unbedingt will ich mir auch noch ein T-Shirt kaufen als Erinnerung. Da es nur einen Schnitt für Shirts gibt, kaufen John und ich uns dasselbe Shirt und gehen im Partnerlook. Ich bin so kaputt von der Hitze und vom Tanzen, dass ich mich kaum noch auf den Füßen halten kann. Um Mitternacht lege ich mich schließlich todmüde, aber überglücklich mit einem Tinnitus im Ohr ins Bett.

Am Tag darauf wache ich mit einem gefühlten Kater auf, ohne dass ich gestern auch nur einen Tropfen Alkohol getrunken hätte. Meine Stimme ist auch nicht mehr vorhanden. Da wir sowieso schon zu spät in die Schule kommen würden, schlägt uns Jessica vor, heute doch gleich zu Hause zu bleiben. Unsere Gastmutter werde davon nie etwas erfahren, meint sie. Unsere Gasteltern sind sowieso seit heute morgen früh verreist zu einer Hochzeit in Westtexas. Und sprichwörtlich, kaum ist die Katze aus dem Haus, da tanzen die Mäuse ... Lina und ich lassen uns das natürlich nicht zweimal sagen. *Skipping school* ist eine Erfahrung mehr. So fahren wir statt zur Schule zu *Starbucks* und gehen eine Runde in unserem Viertel joggen bei dem tollen Wetter, während unsere Freunde drinnen in der Schule sitzen.

Am Abend sind wir zu einer *ladies' night* mit Amber und ihren Freundinnen eingeladen. Das hört sich verheißungsvoll an. Wir sind die ersten, die bei ihr zu Hause eintreffen. Amber steht noch unter der Dusche, als wir unten an der Tür klingeln. Auch alle anderen Girls kommen viel später als verabredet und schminken sich zuerst alle noch eine Runde weiter bei Amber im Zimmer. Ich fühle mich ziemlich underdressed neben all den Mädchen mit mörderischen Heels und hautengen Kleidern. Doch die Absätze verfehlen ein wenig ihren Zweck, denn sie lassen die Mädchen wie Enten aussehen, denn keine weiß, wie man damit richtig läuft.

Jedenfalls schaue ich dem Treiben amüsiert zu, wie sich jeder noch schnell die Locken zurechtzupft und noch mehr Make-up ins Gesicht klatscht, nach dem Motto, man kann nie genug davon haben. Lina steigt nach einer Weile auch in die Schminkmania ein, und als endlich alle fertig sind, ist es zehn Uhr. Ein Mädchen meint, wahrscheinlich hätte das Restaurant schon geschlossen.

Doch die *Cheesecake Factory* ist noch geöffnet und so gehen wir topgestylt ins Restaurant essen und der arme Kellner muss den Starfotografen für die ganze Gesellschaft spielen. Die iPhones blitzen und es werden viele Fotos gemacht für Facebook, Twitter oder andere Social Medias. Lina und ich haben irgendwie erwartet, dass wir nach dem Essen noch irgendwo hingehen, in einen Club, so aufgestylt wie alle sind. Doch außer einer privaten *homeparty* bei einem Freund läuft nichts. Und die *homeparty* ist auch schon zu Ende, als wir dort ankommen. So bleibt nichts anders übrig, als wieder zu Amber nach Hause zu fahren und einen gemütlichen DVD-Abend zu machen. So steigen alle nach knapp zwei Stunden schon wieder aus ihren Kleidchen. All die

Schminkerei umsonst, denke ich mir, ziemlich amüsiert. American girls are a bit crazy.

Am nächsten Morgen werde ich von Ambers kleinem Hund, der aussieht wie ein kleiner Haarball, wachgeleckt, während Lina und Amber noch friedlich neben mir im Bett schlafen. Nach einem fetten Cinnamon-Roll-Frühstück fährt uns Amber nach Hause. Sie muss sowieso in diese Richtung, da sie noch schnell ins Solarium möchte. Die Diskussion über die Gesundheit ihrer Haut, die wir im Auto führen, ist zwecklos. Die Haut wird immer brauner und die Zähne können nicht weiß genug sein. Da hilft Bleaching. Wie Amber bereiten sich alle schon auf die *prom*, den Ball zum Schulabschluss, vor. Da muss man bei so vielen Schönheitsprogrammen früh anfangen.

Ich vertrete mit meiner Hautfarbe und meinen langen, dunkelblonden und welligen Haaren eher den natürlichen, europäischen Look. Und da Pink nicht wirklich meine Lieblingsfarbe ist und ich auch nie mit einer Jogginghose zur Schule gehen würde, gehe ich wirklich nicht als typische Amerikanerin durch. Das ist das Gute an meiner Highschool, die Leute sehen das mit der Kleiderwahl nicht so eng. Selbst wenn ich das Gefühl habe, ganz langweilig angezogen zu sein, gibt es immer jemanden in der Schule, der mir sagt, wie gut angezogen ich doch jeden Tag zur Schule käme.

Prom-Vorbereitungen

Heute gehe ich das erste Mal zu einer *outlet mall.* Jessica, die weiß, wo man preiswert einkaufen kann, fährt Lina und mich hin. In diesem Shoppingcenter wird reduzierte Ware angeboten, die oftmals bei Sales-Verkäufen nicht verkauft wurde. Das Areal mit den verschiedensten Läden ist riesig. Man läuft große Distanzen, wenn man vom einen Ende zum anderen gelangen will. Darum nehmen die gemütlichen Einkäufer dafür gerne ihr Auto. Doch ich genieße es, ein wenig in der Sonne spazieren zu können. Und wozu zum Fitnesscenter gehen, wenn man sein Training auch gratis bekommen kann. Auf so einer Schnäppchenjagd wird man ganz sicher fündig. Für mich gehört das auf die Liste der *Top-Ten-Most-American-Things-To-Do.*

Nach einem langen Shoppingtag haben wir alle müde Beine. Wir gehen zum Abendessen natürlich wieder einmal in ein mexikanisches Restaurant. Das ist nicht immer einfach als Vegetarierin, da die meisten Taccos und Fajitas Fleisch beinhalten. Da ich wieder einmal die Langsamste beim Bestellen bin, drängeln sich alle anderen Leute schon ungeduldig vor. Denn trotz der ziemlich engen vegetarischen Menüauswahl kann ich mich immer noch nicht zwischen Avocadosalat oder *cheese enchiladas* (überbackene Käsetaccos) entscheiden. Das klingt ein wenig nach Fachchinesisch, aber es ist das mexikanische Essensvokabular, das man hier beherrschen muss. Der junge mexikanische Kellner lächelt mir aufmunternd zu. Schlussendlich entscheide ich mich für die *cheese enchiladas.* Wenn man die mexikanischen Kellner nett anlächelt, dann bekommt man das Getränk umsonst. Dieser Trick hat sich schon ein paar Mal bewährt. Das Beste an dem mexikanischen Essen ist die Salsa. Salsa ist die scharf gewürzte Tomatensoße, die zu allem genossen wird. Davon kann ich einfach nicht genug kriegen.

Jessica ist bester Laune, nachdem sie ihren Hunger gestillt hat und lädt uns zu einem Baseballspiel am nächsten Tag ein. Sie hat Freikarten von ihrem Chef und meint, auch die Fahrt zum Stadion sollte kein Problem sein. Das wäre das erste Mal, dass Lina und ich die *Texas Rangers*, das berühmteste Baseballteam der Gegend, live sehen. Ich bin super aufgeregt, denn von solchen amerikanischen Erfahrungen kann ich nicht genug kriegen, vor allem jetzt, wo es bald nach Hause geht.

Doch ich habe mich zu früh gefreut. Nach dem schönen Tag, den wir heute erleben durften, erwartet uns zu Hause eine schlecht gelaunte Gastmutter. Als wir ihr von den Freitickets erzählen, meint sie gleich, das könnten wir vergessen. Morgen würden wir zu Hause bleiben, denn das Haus sei schon viel zu lange nicht mehr richtig geputzt worden. Man könne seine Aufgaben nicht einfach so vernachlässigen. Und das, obwohl wir Freikarten haben! Und das Haus könnten wir ja auch noch vor dem Spiel putzen. Doch es geht ums Prinzip, dass sie uns zu Hause behalten möchte, das merke ich schnell, als ich versuche ein paar klare Argumente dagegen zu bringen.

So machen wir am nächsten Tag das traditionelle Sonntagsprogramm mit. Wir gehen brav mit zur Kirche, essen Lunch mit der Familie und kaufen am Nachmittag noch Obst und Knäckebrot für die kommende Schulwoche ein.

Mit dem Ende des Schuljahres kommt auch die *prom*, der Abschlussball für die *seniors*, immer näher. Alle meine Freundinnen sind schon ganz besorgt, dass sie kein passendes Kleid finden. Und diejenigen, die schon eins gefunden haben, lassen keine Möglichkeit aus, um ein Foto davon stolz herumzuzeigen. So ein Kleid ist nicht gerade billig und kann bis zu fünfhundert Dollar kosten. Das typische Prom-Kleid ist knallbonbonbunt und mit viel Glitzer und Strass besetzt. Nicht zu vergessen die lebenswichtigen Termine vor dem Fest: Pediküre, Maniküre und Friseur. Oft lässt man sich das Make-up auch noch professionell machen, so kann das ganz schön auf die Tasche schlagen. Die Tickets werden jetzt schon an der Schule verkauft, im Vorverkauf kosten sie "nur" fünfundachtzig Dollar.

Unser schwedischer Austauschfreund Tom hat ein amerikanisches Date, das er zur *prom* nimmt. Der Glückliche kann an seiner Schule selbst als *junior* an diesem Spektakel teilnehmen. Die armen Jungs müssen ganz *gentlemanlike* neben ihrem Anzug auch noch die Automiete und die Eintrittskarte für ihr Date bezahlen. Er meinte, er werde locker tausend Dollar insgesamt für diesen einen Abend ausgeben.

Der Abschlussball ist das große Erlebnis für alle *seniors*. Man mietet eine Limo oder einen Partybus, geht in einem schönen Restaurant essen und davor werden ganz viele Fotos geschossen. Manch eine Mutter kann sich ihre Tränchen nicht verkneifen beim Anblick ihres erwachsen gewordenen und wunderschönen Babys. Das sind dann die Fotos, die die nächsten zehn Jahre auf dem Kamin stehen werden.

Das Lustigste finde ich, wenn man so viel Geld für das perfekte Styling ausgibt, und sich den ganzen Abend schick mit der Limo herumchauffieren lässt, aber dann zum Dinner zu *Burgerking* fährt. Das habe ich schon von einem Freund gehört, der letztes Jahr seinen Abschlussball hatte. Aber da zeigt sich dann auch das Zeitalter des Fast Foods. Es geht wirklich nur darum, schnell etwas zu essen, und es wird nicht im geringsten Wert darauf gelegt, was genau es ist.

Jetzt ist die Zeit, wo die Jungs ihre Angebetete fragen müssen, ob sie mit ihnen zur *prom* gehen will. Doch einfach so fragt man das nicht. Da gibt es die süßesten Strategien, seine Traumfrau oder auch nur gute Freundin einen Abend lang für sich zu gewinnen.

Mit bedruckten Shirts, riesigen Rosensträußen oder Ballons wird versucht, die kleine, aber wichtige Frage, „Prom?“, zu stellen. Ein Freund lud seine Angebetete ins Sushi-Restaurant ein, wo dann auf dem Teller die große Frage stand. Oder wenn man es klassischer angeht, tut es auch ein großer Rosenstrauß mit einem kleinen Zettel darin.

Die originellste Aktion, von der ich bis jetzt gehört habe, ist einer Freundin von mir passiert. Sie bekam von ihrem Freund eine Schachtel voll mit unterschiedlichsten Bällen geschenkt und dabei lag ein Zettel: „I finally had the balls to ask you for *prom*."

Natürlich muss man nicht unbedingt als Paar zum Ball gehen. So gehen viele meiner Freundinnen, wie Olivia, einfach mit einer Gruppe von Mädels.

Dass ich ausgerechnet diese amerikanischste aller Erfahrungen nicht miterleben werde, ist schon ein wenig schade. Aber da kann man nicht viel machen. Als *junior* kann man nicht zum Abschlussball gehen und wir sind nun mal als Austauschschüler in diese Stufe eingeteilt worden. Dazu kommt, dass sich dieses Datum, zwei Wochen nach Schulende, mit meinem Abflugtermin überschneidet. Ich werde schon lange zu Hause in der Schweiz sein, wenn meine amerikanischen Freunde das Tanzbein schwingen.

Moving out

Die Semesterferien gewisser Colleges fangen schon Ende April an. So auch die unserer Gastbrüder. Da wir in ihren Zimmern wohnen, wird es nun ein wenig eng werden, wenn die drei Jungs in einer Woche wieder nach Hause kommen. Unsere Gastmutter meint, wir sollen jetzt schon alle unsere Sachen packen und den letzten Monat noch im Bastelzimmer auf den Stockbetten wohnen. Doch das stimmt nicht mit den Richtlinien unserer Organisation überein. Als diese davon Wind bekommt, geht es plötzlich ganz schnell. Jessica versucht uns nicht mehr, wie sonst immer, zu vertrösten. So packen wir am gleichen Abend noch alle unsere Sachen zusammen und sagen der Gastfamilie Lebewohl. Der Abschied fällt keiner Partei besonders schwer. Ich glaube nicht, dass wir uns so schnell wiedersehen werden.

Vorübergehend müssen wir nun wieder die Schlafcouch mit Jessicas unzähligen Katzen teilen. In der Zwischenzeit sind noch mehr dazugekommen und auch noch ein junges Hundewelpen.

Das schaut uns mit großen schwarzen Augen an, als wir mit all unserem Gepäck das Haus belagern. Ich frage mich immer wieder, wie viele Tiere, Kinder und Austauschschüler in diesem Haus schon Platz fanden. Aber lange halte ich es in diesem Zoo nicht aus, ich habe jetzt schon das Gefühl, dass ich eine Katzenhaarallergie entwickle.

Doch lange bei Jessica zu wohnen, ist sowieso nicht der Plan. Sie möchte uns so schnell es geht, eine Gastfamilie suchen, für unseren letzten Monat. Auch wenn wir beide nicht mehr so viel Lust haben, uns noch einmal in eine neue Familie einzuleben. Am liebsten würden wir uns einfach zu zweit eine Wohnung nehmen und den Rest unseres Amerika-Aufenthalts noch ruhig ohne jegliches Drama genießen.

Und tatsächlich bleiben wir nicht lange bei Jessica. Camping auf der Couch ist Gott sei Dank zeitlich begrenzt. Als uns Jessica am nächsten Tag von der Schule abholt, hat sie schon freudige Nachrichten. Ein mexikanisches Ehepaar ist bereit, uns aufzunehmen für die letzten paar Wochen. Ein älteres Ehepaar mit erwachsenen Kindern – das ist alle Information, die wir kriegen, als wir zurück zum Haus fahren, um auf ein Neues all unser Hab und Gut zusammenzupacken. Lina und ich haben schon lange den Überblick verloren über unsere riesige Menge an Gepäck, das auf dem ganzen Boden verstreut in Papiersäcken herumsteht. Wenn wir so bei der neuen Gastfamilie ankommen, werden wir ihr sicher gleich von vornherein Angst einjagen mit unserer „Austauschschülerinneninvasion“.

Mein Herz schlägt mir bis zum Hals, als wir dem Haus näherkommen. Man könnte meinen, nach zwei Gastfamilien hätten wir langsam Übung, uns an einem neuen Ort einzuleben. Doch auch Lina drückt meine Hand ganz fest und wir werfen einander ein aufmunterndes Lächeln zu. Ich habe es im Gefühl, dieses Mal werden wir es gut treffen.

Jessica hält bei einem schönen Einfamilienhaus, das mit Efeu überwachsen ist. Kaum steigen wir aus dem Auto, geht die Tür auf, und wir werden zur Begrüßung herzlich umarmt. Von anfänglicher Befangenheit fehlt jede Spur, die neuen Gasteltern sind uns auf Anhieb sympathisch. Mit Hilfe des Gastvaters bringen wir all unser Gepäck in den oberen Stock, wo wir je ein Zimmer mit eigenem Badezimmer haben. Lina und ich können beide unser Glück gar nicht fassen. Das ist ja wie im Hotel hier! Noch innerhalb der ersten Viertelstunde werden Pläne für die kommenden Wochenenden geschmiedet. Unsere neue Gastmutter fragt interessiert, was wir denn schon von der Region Dallas gesehen haben. Das ist eindeutig nicht viel. Besorgt meint sie, das müssten wir unbedingt nachholen, bevor wir zurück nach Europa fliegen. Beim Streifzug durch unser neues Zuhause, ein geschmackvoll eingerichtetes Haus, stoßen Lina und ich auf zwei besondere Bilder, die im Flur an der Wand hängen. Auf der einen Fotografie ist unsere Gastmutter mit Barack Obama abgelichtet und auf dem Foto daneben ist unser Gastvater mit George Bush zu sehen. Wir machen große Augen, trauen uns aber noch nicht, unsere Gasteltern direkt darauf anzusprechen. Nach einem Spaziergang, auf dem wir vier uns gegenseitig ein wenig besser kennenlernen, falle ich todmüde, aber überglücklich in mein neues Bett. Eines ist klar, hier werden wir noch einen schönen Abschluss unseres Austauschjahres erleben. Es scheint, als hätten wir schlussendlich die Familie gefunden, die wir uns immer gewünscht haben. Herzliche Gasteltern, mit denen man gute Gespräche führen kann.

Das Leben in der neuen Gastfamilie unterscheidet sich total von all den verschiedenen amerikanischen Haushalten, in denen wir schon gelebt haben. Vieles erinnert mich an meine Familie zu Hause. So kommt wieder genug, und vor allem gesundes, Essen mit viel Gemüse auf den Tisch. Unsere Gastmutter liebt es, verschiedene Gerichte und Esswaren zu kosten. Darum ist sie auch begeistert, als ich vorschlage, Abendessen für die Familie zu kochen. Ich koche Lachs mit Kräutern und Zitrone, und dazu gibt es Gemüse und Reis. Ich habe ganz vergessen, wie viel Spaß es macht, für Menschen zu kochen, die gutes Essen auch zu schätzen wissen. Das erste Mal in Amerika, dass ich mein Essen in Ruhe genießen kann, ohne dabei die Langsamste in der Runde zu sein. Am Esstisch herrscht kein unangenehmes Schweigen mehr, sondern wir führen angeregte Gespräche über Themen, die uns alle interessieren. Unser Gastvater ist ein belesener Mann, von dem wir vieles lernen können. Auch die Gastmutter ist eine liebevolle Mutter zweier Söhne mit bemerkenswerter Berufskarriere. Wenn ich älter bin, möchte ich so werden wie die beiden. Ohne jeden Sonntag in die Kirche zu gehen, sehen sie immer das Gute im Menschen und ihre Großherzigkeit lässt die beiden förmlich strahlen. Es ist so inspirierend, sich mit ihnen zu unterhalten. Lina scheint es gleich zu gehen, auch sie studiert an ihren Zukunftsplänen herum. Fünf Monate regelmäßiger Kirchgang mit der alten Gastfamilie hat gar nichts in mir bewegt, doch in unserer neuen Gastfamilie fange ich plötzlich an, mir über mein Leben und auch über meine Ziele im Leben Gedanken zu machen, denn man hat lebendige Vorbilder vor Augen.

Lina und ich begleiten unsere Gastmama auch gerne zum Einkaufen, um ihr Gesellschaft zu leisten und den Wochenmenüplan mitzugestalten. Es scheint, als machen sogar die kleinsten Dinge des Alltags wieder doppelt so viel Spaß. Wenn wir Pläne mit unseren Freunden haben, dann ist das kein Problem mehr. Das erste Mal in diesem Jahr erwische ich mich bei dem Gedanken, dass ich eigentlich noch gar nicht in die Schweiz zurückkehren möchte. Der Gedanke daran, wie mein Jahr geworden wäre, wenn wir schon früher in diese liebe Familie gekommen wären, den schiebe ich lieber weit von mir. Denn was bringt einem das Wörtchen „wenn“ schon? Es ist gekommen, wie es kommen musste, und jetzt schätzen wir unsere neue Gastfamilie und unsere letzten Wochen umso mehr.

New Life

Am Wochenende haben wir Maria, meine spanische Freundin, und Petra, eine dänische Austauschschülerin, zu einer Übernachtungsparty zu uns nach Hause eingeladen. Nachdem wir alle zusammen gekocht haben, laufen wir gemeinsam zu *Starbucks*, der sich ganz in der Nähe befindet. Leider ist es nicht mehr unser Stammlokal. Aber *Starbucks* ist trotzdem ein Gefühl des Nachhausekommens für mich und Lina. So viele Nachmittage haben wir in diesen Cafés verbracht. Wir vier Mädchen verstehen uns super. Es ist wichtig, sich auch Austauschschüler als Freunde zu suchen, denn man hat so vieles gemeinsam und versteht sich eigentlich immer. Ich weiß jetzt schon, dass mir Maria, meine kleine Spanierin, so sehr fehlen wird. Sie hat das ganze Jahr mit mir durchlebt, ist mit mir durch Hochs und Tiefs gegangen, und auch sie hatte es nicht immer einfach mit ihrer indischen Gastfamilie. Natürlich quatschen wir noch lange, bevor wir todmüde in unsere Betten fallen.

Müde sind wir auch noch am nächsten Morgen. Nach einem deftigen amerikanischen Frühstück mit Waffeln, Rührei und Cornflakes sind wir alle wieder topfit für den Tag. Unsere Gastmutter fährt mit uns nach Dallas, wo sie uns den Japanischen Garten zeigen möchte. Das ist ein wunderschöner Park mit einem Flüsschen und exotischen Pflanzen. Es scheint mir, als ob wir eine grüne Oase mitten in der Stadt Dallas betreten. Unsere Gastmutter weiß viel über Dallas zu erzählen und nachdem wir etwas mehr über die Region wissen, interessiere ich mich viel mehr für die mir bisher eher langweilig erscheinende Großstadt. Natürlich schießen wir auch das eine oder andere Erinnerungsfoto. Man kann sich vorstellen, vier Mädchen mit vier Kameras, das ist ein ordentliches Fotoshooting. Aber der Bambus, die buddhistischen Figuren sowie die fetten Karpfen im Bach laden einen geradezu ein, zu fotografieren.

Weiter geht's mit dem Auto zum *World Market*, einem Supermarkt, der Produkte aus aller Herren Länder anbietet. Und eigentlich ist es mehr als nur ein Supermarkt, denn an jeder Ecke kann man verschiedene Häppchen kosten, was besonders spannend ist. Lustig, wie patriotisch wir Austauschschüler plötzlich werden, wenn es um Esswaren unserer Heimatländer geht. Ich bin stolz auf die Schweizer Schokolade, als ob ich sie selbst erfunden hätte.

Am Nachmittag will uns die Gastmutter noch einmal zu den *stockyards* mitnehmen. An den Wochenenden ist das kleine Dörfchen richtig voll. Ich kann es immer noch nicht glauben, dass die Häuser tatsächlich 1890 erbaut wurden. Da kommen richtige Wildwestgefühle auf, als unsere Gastmutter uns erzählt, dass auf diesem Parkplatz früher immer die Kuhmärkte stattgefunden haben. Fort Worth war ein wichtiger Stopp der Cowboys, die mit ihren Viehherden vom Süden in den Norden zogen. Wir alle fühlen uns wie in den Kulissen eines Wildwestfilms. Saloons und Pferdekutschen in den Gassen sind große Touristenattraktionen und auch die Countryband, die am Straßenrand ihr Bestes gibt, passt vollkommen ins Bild. Wir gehören zu der Minderheit, die weder Cowboyhut noch Stiefel tragen. Genauso stellt man sich Texas vor! Wir machen mit einer alten Dampflokomotive, die an die Anfänge des Eisenbahnzeitalters erinnern soll, eine Rundfahrt um Dallas. Für uns Europäer, die täglich mit dem Zug fahren, mag das nichts Spezielles sein, aber in Amerika ist Zugfahren nicht auf der Tagesordnung. Und der Blick auf Downtown Dallas ist atemberaubend. Als dann noch der Chauffeur kommt, der aussieht wie der Zugführer aus dem Film *Der Polarexpress*, können wir Mädels uns nicht mehr halten vor Lachen. Wir alle genießen diesen tollen Samstag mit unserer Gastmutter. Im coolsten *Line-Dance*-Schuppen des Dorfes machen wir noch ein typisches Touristenfoto, indem wir uns alle vier auf einen

Plastikbullen setzen und den geliehenen Cowboyhut fürs Foto schwingen. Als Austauschschüler sind wir halt immer auf der Suche nach bleibenden Erinnerungen.

Der erste Sonntag seit Monaten, an dem wir lange ausschlafen können statt zur Kirche zu gehen. Ich habe ganz vergessen, wie schön das ist. Heute steht Familienbesuch auf dem Programm. Lina und ich fahren mit unserem Gastvater zu seiner Mutter. Sie lebt in einem kleinen Städtchen nicht weit von Dallas. Wir werden herzlich begrüßt, als wir das kleine Einfamilienhaus betreten. Die Mutter ist eine kleine rüstige Frau mit stark mexikanischem Akzent. Im Wohnzimmer sitzen schon viele Cousins und Tanten beim Aperitif. Aus der Küche kommt ein verlockender Duft von frisch gebackenen Tortillas, die die gebürtige Mexikanerin von Hand zubereitet und auf einer Steinplatte backt. Da läuft mir förmlich das Wasser im Mund zusammen. Es ist das erste Mal, dass wir echtes mexikanisches Essen haben werden. Gemäß eines waschechten Mexikaners nicht zu vergleichen mit dem Tex-Mex-Essen, das man in den Restaurants bekommt. Neben den deliziösen Tortillas gibt es Mais, Bohnen, Guacamole und einen mexikanischen Wursteintopf. Für mich macht die liebe Großmutter extra noch einen Salat, da mexikanisches Essen nun mal viel Fleisch beinhaltet. Ich fühle mich immer ein wenig schlecht, wenn ich als Vegetarierin Sonderwünsche erfüllt bekomme. Denn ich habe kein Problem, einfach nur die fleischlosen Beilagen zu essen. Das Essen ist herrlich scharf gewürzt und die frischen Tortillas sind himmlisch. Ich werde niemals wieder die vakuumierten Teigfladen vom Laden essen können. Nach dem Essen fühlen wir uns alle bereit für eine Siesta. Doch das Festmahl geht noch weiter und zum Dessert gibt es einen *pecan pie* frisch aus dem Ofen, mit Pekannüssen aus dem Garten. Das ist nicht gerade traditionell mexikanisch, aber eine Spezialität aus Texas. Wenn die Pekannüsse von den vielen Pekanbäumen fallen, weiß man gar nicht mehr, wohin mit den vielen Nüssen. So kommen sie karamellisiert auf einen Kuchen.

Mit vollem Magen fahren wir nach Dallas. Unser Gastvater will Lina und mir unbedingt noch das John F. Kennedy Museum zeigen. In den neun Monaten, die wir schon hier in der Gegend wohnen, haben wir dieses Museum noch nie besucht.

Im JFK-Museum wird mir zum ersten Mal die historische Bedeutung der Stadt Dallas bewusst. Hier ereignete sich neunzehnhundertdreiundsechzig das tragische Ereignis, das einen tiefen Einschnitt in die Geschichte der USA bedeutet. Es ist der Ort, an dem John F. Kennedy von Lee Harvey Oswald erschossen wurde. Der mutmaßliche Attentäter wurde zwei Tage später in Polizeigewahrsam von dem Nachtclubbesitzer Jack Ruby erschossen, noch bevor Anklage gegen ihn erhoben werden konnte. Das Museum ist modern und sehr interessant gestaltet und ein *must see* in Dallas. Es befindet sich in einem alten Gebäude, zu dieser Zeit ein Buchlager, von wo aus der Attentäter den Schuss auf den Präsidenten abgefeuert haben soll, welcher mit seiner Frau in einem offenen Wagen durch die Stadt fuhr und sich von tausenden von Fans am Straßenrand feiern ließ. Da er den direkten Kontakt mit dem Volk schätzte und sich gegen jegliche Art von Schutz sträubte, war er ein leichtes Opfer. So kam es, dass eine Pistole im Wert von zwöf Dollar und fünfundsiebzig Cent den beliebtesten Präsidenten in der Geschichte der Vereinigten Staaten das Leben kostete. Vom Fenster aus kann man unten auf der Straße ein Kreuz sehen, wo genau John F. Kennedy erschossen wurde. Dort habe ich noch vor einigen Monaten mit meiner ersten Gastfamilie gestanden und ebenfalls ein Erinnerungsfoto gemacht. Ein nicht ganz ungefährliches Unternehmen, denn die Straße ist recht befahren – ein Wunder, dass noch kein Tourist überfahren wurde.

Dallas war schon immer eher konservativ, wie auch der Bundesstaat Texas an sich. Darum war Kennedy in gewissen Kreisen sehr umstritten. Doch nach dem tragischen Tag trauerte das ganze Land. Verschiedenste Verschwörungstheorien wurden aufgestellt, die zum Teil bis heute noch bestehen. Es ist schwer zu akzeptieren, dass eine so konsequente und verantwortungsbewusste Person wie Kennedy von einer so inkonsequenten Persönlichkeit wie Oswald ausgelöscht werden konnte. Kurz, JFK war ein Hoffnungsträger für viele Junge und auch für die Schwarzen.

Ich bin unserem Gastvater sehr dankbar, dass er uns dieses Museum gezeigt hat. Für mich war es ein sehr eindrücklicher Einblick in die Geschichte der USA. Man fängt an, Land und Leute besser zu verstehen, wenn man sich mit der Geschichte des Landes auseinandersetzt. Lina und ich unterhalten uns an diesem Abend noch lange mit unseren Gasteltern über die Vereinigten Staaten, unser Gastland, das wir am Ende unseres Aufenthaltes noch von einer anderen Seite kennenlernen.

Baseball Game

Auf den Moment, dass ich sogar Montage anfange zu genießen, habe ich das ganze Schuljahr gewartet. Und wirklich, ich bin so glücklich in der neuen Gastfamilie, dass ich vergesse, wie sehr ich den Start in eine neue Woche verabscheute. Ich erinnere mich zurück an die exponentielle Kurve mit der man ein Austauschjahr vergleichen kann. Am Schluss wird es immer besser, und man will gar nicht mehr nach Hause. Soweit ist es jetzt auch bei mir gekommen. Der Gedanke, mich von Lina verabschieden zu müssen, bereitet mir jetzt schon Bauchschmerzen. Auch meine Gasteltern werde ich schrecklich vermissen. Eine passende und liebe Gastfamilie ist die halbe Miete. Darum rate ich jedem, für einen frühen Gastfamilienwechsel zu kämpfen, wenn es einfach nicht passt.

Wer hätte es gedacht, wir schaffen es sogar noch zu einem Baseballspiel der berühmten *Texas Rangers*. Ivana, die russische Austauschschülerin unserer Schule, hat uns eingeladen, mit ihr und ihrem Gastvater ein Spiel anzuschauen. Das wird dann mein erstes Baseballspiel überhaupt. Umso aufgeregter bin ich. Ich schaffe es sogar, Lina mit meiner Euphorie anzustecken, die schon einmal bei einem Baseballspiel war, und es nicht sonderlich aufregend fand. Da Ivanas Gastvater als richtiger Fan das Abonnement von allen Heimspielen der *Texas Rangers* hat, geht sie öfters zu den Spielen. Auf dem Weg zum Stadion stecken wir schon im Stau fest, was auf die einundvierzigtausend Zuschauer zurückzuführen ist, die alle mit ihrem Auto anreisen. So viele Leute wohnen nicht einmal in meinem Schweizer Heimatort. Mir bleibt erst einmal die Spucke weg, als wir das riesige Stadion betreten. Man kommt sich wie ein Zwerg vor in den riesigen Tribünen. Die beiden Fanblocks sind sauber getrennt und die Fans haben alle ihre volle Ausrüstung dabei. Mit Fahnen, Hüten und Shirts unterstützen sie ihr Team. Wir gehen auch erst einmal in den Fanshop des stadioneigenen Shoppingcenters, um uns mit etwas Fanmaterial einzudecken. Wir Mädchen kleben uns ein Tattoo auf die Wange, mit dem T-Symbol der *Texas Rangers*.

Natürlich gehört auch Fast Food dazu, wenn man sich ein Live-Spiel im Stadion ansehen geht. Doch die Essenssuche ist wieder einmal nicht einfach für mich als Vegetarierin. Trotz zahlreiche Essensstände ist kaum etwas Fleischloses dabei. Schlussendlich gebe ich mich mit einer *Pretzel* zufrieden, während Ivana neben mir eine riesige Schachtel voll überbackener Chips bestellt. Natürlich isst sie selbst gerade mal ein Achtel davon, da sie immer sehr um ihre Linie besorgt ist. Viele Austauschschüler gehen etwas auseinander während ihres Aufenthalts in Amerika. Das Essen ist aber auch zu gut, zu viel und eindeutig zu fett. So esse ich ihre halbe Portion auch noch auf.

Obwohl ich keine Ahnung von den Spielregeln habe, verfolge ich das Geschehen auf dem Feld interessiert mit. Wenn die Menge auf der Seite der *Texas Rangers* klatscht, dann weiß ich, dass wir einen Punkt gemacht haben. So lasse ich mich durchs Spiel führen und klatsche begeistert mit, wenn alle anderen klatschen. Die Begeisterung der Amerikaner für Sport ist einfach ansteckend. Ich habe immer ein wenig Angst, dass ich so einen Baseball an den Kopf bekomme. Denn diese werden ganz schön hoch in die Luft geschossen. Doch zum Glück passiert bei diesem Spiel nichts.

Neben mir in der Reihe sitzt eine Mutter mit ihrem Sohn. Ich komme mit ihr ins Gespräch und über das ganze Spiel hinweg erzählt sie mir ihre Lebensgeschichte. Ihr Sohn sei ein talentierter Baseballspieler und werde selbst mal im Sport Karriere machen. In der Schweiz ist so eine Offenheit gegenüber einer fremden Person unvorstellbar. Am Spielende, die *Texas Rangers* haben gewonnen, sind wir schon bei der Familienplanung angekommen. Ich bin froh, als wir gehen, denn mir raucht der Kopf von der ganzen Geschichte und den zwei Stunden des Zuhörens. Lina hat mir nur die ganze Zeit mitleidig zugelächelt, statt mich zu retten. Auf dem Nachhauseweg stecken wir zum zweiten Mal im Verkehr fest. Dagegen helfen auch die vielen Baustellen und Straßenüberbauungen nichts, denn mit dem Verkehr wachsen auch die Suburbs und produzieren noch eine größere Automenge, die an jedem Arbeitstag in das Stadtzentrum rein- und rausfahren. Die Bauerei ist also eine einzige Sisyphusarbeit.

Die Schultage fliegen nur so an mir vorbei. Die Nachmittage verbringen Lina und ich mit unseren Freunden oder gehen zusammen auf dem Golfplatz joggen. Wobei das eher einem Slalomlauf gleicht, mit all den Golfwagen.

Lina und ich haben einen kleinen Bagelshop ganz in der Nähe unseres Hauses gefunden. So essen wir jetzt immer frische Bagels zum Frühstück. Bagels sind Brötchen in der Form eines Donuts.

Es gibt sie in den verschiedensten Geschmäckern, von Zimt-Zucker-Bagel (Linas Favorit) bis zu Vollkorn-Rosinen-Bagel (mein Favorit). Mag man es ganz traditionell, kommt der Bagel in den Toaster und wird mit Philadelphia-Streichkäse bestrichen. So gehen wir heute auch erst mal schön Bagels holen und schwänzen danach gleich die Schule, da wir sowieso schon spät dran sind. Mit so viel Programm in den letzten Tagen können wir einen Ruhetag gut gebrauchen, meint unsere Gastmutter.

Abends gehen wir zum Tennisbankett. Am Ende des Schuljahres haben alle Sportclubs der Schule ihre eigene kleine Gala, wo sich das ganze Team in einem Restaurant trifft, um einzelne Spieler zu ehren und die *season* zusammen zu beschließen. So ziehen wir unsere schicken Kleidchen an, und sogar ich ziehe mir die High-Heels an für diesen Event. Beim Gang zum Buffet bereue ich diese Entscheidung für einen kurzen Moment. Lina und ich gehen beide in schwarz, wieder einmal sind wir unbewusst im Partnerlook. Mit den Heels überrage ich den Coach um einen Kopf, meine asiatischen Teamkollegen sowieso. Ich erkenne das Team kaum wieder, denn alle kommen in bester Sonntagskleidung. Nach dem Essen werden die besten Spieler des Jahres geehrt. Es gibt auch einzelne Spieler unseres Teams, die dank des Tenniskurses Stipendien fürs College erhalten haben. Bei der Fotoshow aller Turniere des vergangenen Jahres würden Lina, ich und wahrscheinlich noch mehrere andere Spieler gerne im Boden versinken bei einzelnen Fotos. Konzentrierte Blicke und verzerrte Gesichter beim Aufschlagen des Balles verursachen viele Lacher im Saal. Als dann die *seniors* verabschiedet werden und auch noch eine kurze Rede halten, fließen dann bei manchen Müttern wieder die Tränen. Auch die *seniors* selbst werden ein wenig sentimental. Denn der Abschied von der Highschool ist ein großer Schritt, eine Veränderung – es gibt kein Zurück mehr. Man kann nur zurück schauen auf vier schöne Jahre und tolle

Momente mit dem Tennissport.

Auch mit der Tanzklasse geht es dem Ende zu. Die Sommershow läuft wie geschmiert. Vielleicht liegt es auch daran, das die ganze Gruppe vor dem Auftritt noch zusammen gebetet hat. Ich staune immer wieder, wie sehr Religion hier auch im Alltagsleben von Teenagern integriert ist. Lina erweist mir die Ehre, die Aufführung anzuschauen. Sie nimmt den Tanz meiner Gruppe auf Video auf, sodass ich meine Cheerleader-Fähigkeiten auch meinen Freunden und meiner Familie zu Hause zeigen kann. Ich selbst hätte nie gedacht, dass ich einmal mit farbigen Pompons auf der Bühne stehen würde. Aber das ist eine der amerikanischen Erfahrungen.

Die Zeit hier in Texas rinnt mir nur so durch die Finger. Darum werden auch meine Tage immer voller. Mit Olivia und anderen Freunden gehen wir direkt nach der Tanzshow noch in einen riesigen Trampolinpark, wo wir zwei Stunden lang um die Wette hüpfen. Das ist ein richtiges Work-out nach zehn faulen Monaten. Olivia und ihre Schwestern sind mir ans Herz gewachsen wie eigene Schwestern. Ich werde sie sehr vermissen. Ich werde auch die Besuche bei ihr zu Hause vermissen, wo es immer lecker nach afrikanischem Essen riecht. Ihre Tante, die ursprünglich aus dem Kongo kommt, kocht noch das traditionelle Essen für die große Familie. Das Haus ist voll mit den drei Brüdern und zwei Cousinen, die noch mit Olivia und Hanna zusammenwohnen.

Olivia wurde neben Lina und John zu meinen besten Freunden in den USA. Vor allem ihr Temperament werde ich vermissen. Sie lässt sich nichts gefallen und als sie wütend über unsere ehemaligen Gasteltern schimpft, bekomme ich es mit der Angst zu tun. Es macht mir zu schaffen, dass ich nicht weiß, wann ich sie wiedersehen werde. Denn Flugtickets in die Schweiz sind teuer und Olivia rackert sich schon jetzt mit Arbeit ab, um ihr College zu finanzieren.

Es geht dem Ende zu...

Lina vermisst die deutsche Hausmannskost. Darum hat unsere Gastmutter die Idee, uns zum Mittagessen in ein deutsches Restaurant einzuladen. Viele deutsche Einwanderer ließen sich in Texas nieder und so blieb ein Stück deutscher Kultur hängen. Das Restaurant ist ein typisches deutsches Landhaus, aber natürlich alles nur nachgebaut. Leider können weder der Restaurantinhaber noch die Bedienung Deutsch, von einem „Hallo" und „Auf Wiedersehen" mal abgesehen. Die Speisekarte ist deutsch mit ein paar Rechtschreibfehlern, wie wir amüsiert bemerken. Lina ist in ihrem Element, als sie unserer Gastmutter bei der Wahl zwischen Weißwurst und Bratwurst hilft. Sauerkraut, Rotkraut und vor allem richtiges Vollkornlandbrot kommen auf den Tisch. Auch Knödel oder Leberwurst werden angeboten und natürlich ganz viele verschiedene Biersorten, wenn auch alles zu saftigen Preisen. Wie habe ich nahrhaftes Brot vermisst, von dem weichen Toastbrot, das es in Amerika vor allem gibt, wird man kaum satt. Ich war ja noch nie so ein großer Fan von deutscher Hausmannskost, mal von den Torten als Nachtisch abgesehen. Darum esse ich mich richtig an dem leckeren Brot satt. Lina und unsere Gastmutter hingegen probieren sich durch alle verschiedenen Wurstsorten, die angeboten werden. Die Gastmutter ist richtig begeistert von den Kartoffelpuffern mit Apfelmus, die hier *potatoe pancakes* genannt werden. Das deutsche Restaurant scheint gut zu laufen, so sind alle Tische um uns herum belegt. Die rustikale Einrichtung und die traditionelle Musik sorgen für das passende Ambiente für alle Deutschlandfans.

Im angeschlossenen kleinen Laden kann man Waren aus Deutschland kaufen. Zum Beispiel Buchstabensuppe aus dem Päckchen oder auch Schweizer Schokolade. Wir sind richtig begeistert, denn alle Produkte kennen wir von zu Hause, und sie wecken in uns Heimatgefühle. Nutella – wie sehr haben wir den leckeren Schokoladenaufstrich fürs Frühstücksbrot vermisst. Von meiner Großmama hole ich mir Rezepte und Tipps über Skype wie ich meine Gastfamilie bekochen kann. Risotto, Ratatouille und Kartoffelgratin koche ich und alle scheinen es zu mögen. Sie sind begeistert, wie gesund sie sich ernähren, seit ich eingezogen bin. Ich habe sogar geschafft, dass Lina gerne Gemüse isst, und das will etwas heißen …

Langsam ist es auch an der Zeit, dass ich anfange, Souvenirs und kleine Geschenke für Familie und Freunde in der Schweiz zu kaufen. Meine Mama scheint es kaum erwarten zu können, bis ich wieder nach Hause komme. Mir geht es genauso wie dem Rest der Familie. Wie wird das Wiedersehen nach einem ganzen Jahr sein? Hat sich viel verändert in der Zwischenzeit? Habe ich mich sehr verändert? Das sind alles Fragen, die ich abends im Bett wälze. Bei aller Vorfreude auf zu Hause bin ich auch ganz schön nervös.

Es ist ein unbeschreibliches Gefühl der Zerrissenheit. Ich bin hin und hergerissen zwischen zwei Kontinenten. Einerseits kann ich es kaum erwarten, alle meine Lieben in der Schweiz wiederzusehen, andererseits habe ich hier in den USA jetzt auch ein Leben mit einem Freundeskreis und einer lieben Familie gefunden. Es ist ein ganz ungewohntes Gefühl, das mich in den überraschendsten Momenten überkommt. Es gehört zu der Erfahrung eines Austauschjahres, Abschied zu nehmen und Lebewohl zu sagen.

„Ein Austauschjahr ist kein Jahr deines Lebens, sondern ein Leben in einem Jahr“, wie es so schön heißt auf den Austauschschülerforen. „It‘s all about being lucky and taking chances.“ Zurückblickend war ich oftmals unglücklich in meiner Zeit hier, hatte jedoch immer wieder das Glück, dass sich schlussendlich alles nicht so Gute doch noch zum Guten wendete. Manchmal muss man den Mut haben, Veränderungen ins Rollen zu bringen, wie zum Beispiel einen Familienwechsel. Was ich auch über das Leben gelernt habe, ist, dass es immer vorwärts und weiter geht. Und man lässt sich besser treiben, statt in der Vergangenheit sitzen zu bleiben. „Just go with the flow", wie Olivia immer zu sagen pflegt.

Als Austauschschüler bleibt man auch in den Köpfen seiner Mitschüler hängen. Immer wenn sie in Zukunft etwas über die Schweiz hören, werden sie sagen: „Ach, wir hatten eine Austauschschülerin aus der Schweiz, als ich zur Highschool ging." Oder zumindest wissen sie jetzt, dass es die Schweiz überhaupt gibt, und es gar nichts zu tun hat mit Schweden, auch wenn das hier gerne verwechselt wird. Wo ich nach neun Monaten aber immer noch an meine Grenzen stoße, ist, wenn ich das politische System der Schweiz, die direkte Demokratie, auf Englisch erklären muss.

Was auch lustig ist, man wird in der Ferne zum Lokalpatrioten. War ich noch nie ein großer Fan von Fondue oder Raclette, so lobe ich hier in den USA die Schweizer Nationalspeisen in den höchsten Tönen. Ich nehme es persönlich, wenn jemand die Belgische Schokolade der Schweizer Schokolade vorzieht, was ja eigentlich lachhaft ist. Lina ist immer ganz aufgeregt, wenn sie jemanden findet, mit dem sie ein wenig Deutsch sprechen kann.

So muss es auch den Auswanderern ergangen sein, die fern von der Heimat sich nur noch an die guten Seiten ihres Heimatlandes erinnerten. So wird ein Land vollkommen idealisiert aus Heimweh nach Traditionen und Nationalspeisen.

Immigranten aus ganz Europa, aber auch aus Asien und Afrika brachten Wissen und Traditionen mit sich, als sie nach Texas kamen. Im Museum der Kulturen lernten wir viel über die verschiedenen Immigrantenströme und welche Entwicklungen sie mit sich brachten. Aus den verschiedensten Gründen versuchten sie einen Neuanfang in den Weiten des Bundesstaates Texas.

Auf der Suche nach Land zum Bewirtschaften, einem besseren Leben oder der Möglichkeit, eine neue Existenz aufzubauen. Die Schweizer Immigranten hatten hingegen nur einen einzigen Grund: ihre Abenteuerlust. Es waren nicht viele Schweizer, die einwanderten, trotzdem waren sie nicht zu vernachlässigen, da es oftmals gebildete Leute waren, auf der Suche nach einer neuen Herausforderung. Eine große Community bildeten die deutschen Einwanderer. Man findet noch heute Städte oder kleine Towns mit deutschen Namen, oder Familien, die ihre Wurzeln in Deutschland haben. Bekannt ist der Turnverein, den die deutsche Gemeinschaft aufbaute. Aber auch klassische Musik, wie Johann Sebastian Bachs Werke, fanden ihren Weg durch diese Leute nach Texas. In Texas wurden auch wichtige Erfindungen, wie die des Computers oder des Erfrischungsgetränkes *Dr. Pepper,* gemacht.

So ist Texas, wie auch die Vereinigten Staaten als Ganzes, ein riesiger *melting pot* mit, unter anderem, polnischen, norwegischen, libanesischen und sogar japanischen Zuzüglern in den vergangenen Jahren. Das ist faszinierend, denn so existiert der *Paradeamerikaner* gar nicht.

Road trip to San Antonio

Nach einem guten Frühstück mit frischen Bagels geht es ab mit dem Auto auf unseren letzten *road trip* nach San Antonio, wo die Familie von unserer Gastmutter wohnt. Ich döse im Auto weiter und lasse meinen Blick über die vorbeiziehende Landschaft gleiten. Texas ist wirklich vielfältig. Von grünen Regionen kommt man kurz darauf in eine Region, in der es außer Sand und Kakteen wenig zu sehen gibt. Aber ich habe verstanden, dass Heimat ein subjektiver Begriff ist. Heimat ist ein geografischer Ort oder eine familiäre Landschaft, die man mit Geborgenheit verbindet. Heimat ist da, wo man verwurzelt ist. Oder dort, wo liebe Menschen auf einen warten.

Auf der Reise machen wir auch einen Stopp in Austin, einer der großen Städte in Texas, die ich noch nicht besucht habe. „Keep Austin weird", so lautet der Slogan der Studentenstadt. Austin ist eine Musikhochburg und Standort von vielen Musikfestivals und kulturellen Sehenswürdigkeiten. Die bekannte Sixth Street wird erst bei Nacht zum Leben erweckt. Die vielen Dance Clubs, Musikpubs und Bars sind wohl das verrückteste *nightlife*, das man in Texas finden kann. Wenn ich jemals irgendwo in Texas studieren sollte, dann käme nur Austin für mich in Frage. Das ist wohl die europäischste und aufgeschlossenste Stadt Texas'.

Auch das Capitol, das Repräsentantenhaus vom Staate Texas, kann man hier in Austin besichtigen. Unsere Gastmutter gibt uns eine kleine Einführung in das politische System von Texas, da sie selbst mal für den Kongress kandidiert hat. Wie schon gesagt, eine bemerkenswerte Persönlichkeit, unsere Gastmutter. Nach ihrem Geheimtipp essen wir in der Kantine des Repräsentantenhauses, wo auch wichtige texanische Politiker ihr Lunch einnehmen.

Am Abend kommen wir bei der Schwester unserer Gastmutter an, wo wir übernachten können. Ihre süßen Nichten nehmen uns herzlich auf und wir müssen ganz viel von unseren Heimatländern erzählen.

Früh morgens am nächsten Tag geht es zu einem traditionellen mexikanischen Restaurant. San Antonio steht noch unter einem größeren mexikanischen Einfluss als der Rest von Texas. Die Decke des Restaurants ist mit leuchtenden Lamettagirlanden geschmückt und das Servierpersonal trägt die traditionelle Kleidung. Ob Eier, Frühstücks-Taccos oder alle anderen Gerichte, alles wird mit der scharfen Salsa serviert. Lina und ich als Kaffeejunkies bestellen uns einen frisch gebrühten Kaffee, die kleine Nichte bekommt eine heiße Schokolade. Mexikanische heiße

Schokolade ist eine dicke Brühe mit echter Schokolade, und der Schokoladengeschmack explodiert regelrecht im Mund. Habe ich schon erwähnt, dass unsere Hauptaktivität auf diesem Trip das Essen ist? Wir essen allerdings sehr, sehr lecker.

Da es der Geburtstag der kleinsten Nichte ist, kommen zwei Musiker mit mexikanischen Hüten und mit der Gitarre an unseren Tisch und singen ein Ständchen. Als die Singvögel fertig sind, schauen wir uns noch die hauseigene Bäckerei an, mit all den zuckerigen und fettigen leckeren Backwaren. Leider sind wir schon so gesättigt, dass kein Dessert mehr Platz hat.

Am Nachmittag besteigen wir noch den American Tower, der einen wunderschönen Überblick über die ganze Stadt gibt. Unsere Gastmutter ist verliebt in ihre Heimatstadt und wir können nun ihre Liebe gut nachvollziehen.

Texas verfügt auch über eine Küste, auch wenn man dort nicht unbedingt baden möchte. Wegen all der Ölbohrungen im Meer ist das Wasser nicht sehr einladend.

Am Abend gehen wir noch zu der kleinen Geburtstagsparty der Nichte. Ganz amerikanisch gibt es Hamburger, *chili dogs* (Hotdog mit Chili-con-Carne-Füllung) und farbige Geburtstagstorte. Bei all den mexikanischen Tanten und Verwandten merke ich, wie gut ich im Small Talk geworden bin in diesem Jahr, das diesbezüglich ein echtes Intensivtraining war. Man lernt zu sozialisieren. Das ist nicht das Schlechteste für das Berufsleben.

Bevor wir zu der Tante unserer Gastmutter gehen, um dort zu übernachten, machen wir noch eine kleine Bootstour im Riverwalk von San Antonio. Das Bild der Stadt hat sich bei unserem zweiten Besuch und mit dem zweiten Eindruck ziemlich verändert. Einmal haben wir San Antonio in der Weihnachtszeit erlebt und dieses Mal im Sommer. Aber auch neben der Weihnachtsbeleuchtung herrscht eine besondere Stimmung in der Stadt.

Die Tante erwartet uns schon sehnlichst. Für mich und Lina steht das Gästezimmer bereit, mit gemachten Betten und frischen Tüchern. Die Tante ist eine äußerst liebenswerte, ältere Lady, die, seit dem Tod ihres Hundes vor einem Jahr, alleine in ihrem Häuschen wohnt. Ich bringe ihr die Schokolade, die ich für sie mitgenommen habe. Sie freut sich sehr darüber und macht sich, trotz vorgerückter Stunde, sogleich einen Kaffee und isst glücklich die halbe Schokolade. Dabei erzählt sie uns die ganze Familiengeschichte und erklärt uns jedes Bild, das im Wohnzimmer hängt. Geduldig hören Lina und ich uns die Geschichten an und fragen interessiert nach.

Am Morgen darauf geht es schon wieder nach Hause. Nachdem wir uns alle von der Tante verabschiedet haben, essen wir noch ein dickes Omelette zum Frühstück und dann sind wir *on the road again*. Auf dem Weg zurück nach Keller machen wir noch einen Halt in Fredericksburg, einem Dorf mit deutschen Einwanderern. Heute ist es vor allem wegen der vielen Feinhandwerksläden und der deutschen Bäckereien eine Touristenattraktion. Natürlich ist alles schon ziemlich amerikanisiert, doch man kann den europäischen Einfluss deutlich spüren. Allein schon die Straßennamen hören sich sehr deutsch an. Lina ist wieder auf der Suche nach Deutschsprachigen, doch außer einem uralten Mann, der hinter der Theke eines kleinen verstaubten Lebensmittelgeschäfts steht, wird sie nicht fündig.

Auf einem schnurgeraden Highway fahren wir quer durch Osttexas zurück nach Hause. Inzwischen ist wirklich nicht viel mehr zu sehen, als die weiten Felder und ab und zu mal eine Tankstelle. Mitten in der Pampa esse ich das größte Stück *pie* meines Lebens. Diesen nahrhaften amerikanischen Kuchen gibt es mit Apfel-, Kokosnuss-, Kirsch- oder auch Zitronenfüllung. Sündhaft gut! Die Füllung zerfließt nur so auf der Zunge. Dieses ländliche Amerika gefällt mir sehr, wo die Kuchen noch von Hand zubereitet und die pfundschweren Donuts noch in hauseigener Fritteuse frittiert werden.

Packing

Wie soll man ein ganzes Jahr in einen Koffer packen? Vorsorglich habe ich mir schon einen zweiten, riesigen Koffer besorgt, denn mein Kleiderschrank hat sich verdoppelt in diesem Jahr. Die Packerei habe ich bis jetzt aufgeschoben, doch bald gibt es keine Ausrede mehr. Auch wenn Packen etwas vom Mühsamsten ist, was ich kenne. In einem Geschäft bin ich auf Vakuumkleidersäcke gestoßen, durch die man das Volumen der Kleider halbieren kann mit zusätzlicher Hilfe eines Staubsaugers. Ich weiß nicht, was ich machen soll, wenn mein Gepäck Übergewicht hat. Gerade, als ich mit meinem ganzen Gewicht auf einem Kleidersack stehe, und versuche, mit aller Gewalt die Luft aus dem Plastiksack zu bekommen, kommt Lina in mein Zimmer. Sie kann sich vor Lachen nicht mehr halten. Schnell holt sie ihr Laptop und filmt mich in dieser komischen Situation. Schlussendlich kugeln wir uns beide vor Lachen auf dem Boden und der Sack ist immer noch nicht vakuumiert. Das sind Momente, die ich vermissen werde. Lina und ich sind so zusammengewachsen, dass es mir das Herz brechen wird, wenn ich in drei Tagen am Flughafen Abschied nehmen muss. Auf wen werde ich denn dann jeden Morgen warten? Oder wer sagt mir, ob mein Outfit okay ist? Mit wem kann ich mich über Missgeschicke totlachen? Fotos und meine zwei vollen Tagebücher sind alles, was ich an Erinnerungen mit nach Hause nehmen kann.

Es scheint so surreal, dass ich in weniger als einer Woche schon wieder zu Hause sein werde. Der letzte Monat ging wie im Flug vorbei, am Ende geht es dann doch immer zu schnell. Aber das war schon als Kleinkind so, immer wenn es am lustigsten im Sandkasten war, musste man nach Hause zum Abendessen gehen.

In den letzten Tagen versuche ich, jeden Moment mit meinen Freunden zu verbringen. So kommen Olivia und ihre Schwestern zum Frühstück. Sie hat für mich ein Bild gemalt, mit einer Tänzerin darauf, alles auf mich abgestimmt. So ein persönliches Geschenk ist viel mehr wert als jedes Geld der Welt. Natürlich habe auch ich für sie ein kleines Abschiedsgeschenk, ein Skizzenbuch für ihre Graffitis, das ich ihr heute schon überreiche. Sie bricht in Tränen aus, als ich ihr das Geschenk gebe. Das hat mich selbst ziemlich gerührt. Sie meint, sie hätte ihr Senior-Jahr wohl nicht ohne mich überlebt. Aber wie hätte ich mein Austauschjahr mit all den Gastfamilienwechsel überleben sollen ohne Olivia? Sie wurde zu einer meiner besten Freundinnen. In ihr habe ich jemand gefunden, der genauso gerne aktiv ist wie ich, und mit dem es super Spaß macht, etwas zu unternehmen. Mit ihrer fröhlichen Art hat sie manch trüben Tag erhellt. Sie will gar nicht mehr aufhören zu weinen und so umarme ich sie hilflos. Was gibt es schon groß zu sagen, außer, dass ich sie auch schrecklich vermissen werde. Für mich ist der Abschied noch so surreal, dass ich gar nicht richtig traurig sein kann. Irgendwann wird der Moment kommen, wenn mich die Realität überrollt.

Auch der Abschied von John wird mir nicht leicht fallen. Denn im Unterschied zu Lina, die ich bald wiedersehen werde, in Berlin oder in der Schweiz, ist der Abschied von den amerikanischen Freunden auf ungewisse Zeit. Ich schenke ihm zum Abschied eine Feldflasche mit Schweizerkreuz drauf und einen Schweizer Schlüsselbund, so dass er sich an mich erinnert. Auch ich bekomme ein Geschenk.

In der Schule spielen alle verrückt wegen des *senior prank*, des großen Streichs, den die Abschlussschüler in ihren letzten Schultagen immer zu planen pflegen. In den letzten Jahren gab es die verrücktesten Sachen. Letztes Jahr wurden Tiere, wie Schlangen,

Spinnen, Ratten und sogar eine Kuh, in der Schule freigelassen. Die Flure wurden mit Babyöl eingeschmiert, so dass viele Schüler auf der Flucht vor den Tieren auf dem Hintern landeten. Da hört dann der Spaß nicht nur bei den Lehrern auf. Auch die *food fights* in der Cafeteria liefen völlig aus dem Ruder. So bewarf sich die ganze Schülerschaft mit Ketchup, Mayonnaise und allem anderen, was auf den Tischen zu finden war. An anderen Schulen wurde das halbe Schulgebäude aufgrund einer Wasserschlacht unter Wasser gesetzt, und es gab mehrere Verletzte aufgrund verschiedener Kämpfe zwischen Schülern. Die Situationen gerieten außer Kontrolle. Die Verantwortlichen hatten dann die Konsequenzen zu tragen und mussten das letzte Schuljahr wiederholen. Das waren die Glücklichen, denn einzelne wurden von der Schule verwiesen und mussten mit einer Anzeige rechnen.

Da die Schulen so einen Streich unbedingt vermeiden möchten, wurden in unserem ganzen Schuldistrikt starke Maßnahmen für die letzten Schultage ergriffen. So sind keine Rucksäcke mehr erlaubt, das Securitypersonal wurde verdoppelt und die Ketchupdispenser in der Cafeteria entfernt. Das geht alles ziemlich weit und ich komme mir ein wenig vor, wie im Hochsicherheitstrakt eines Gefängnisses.

In all meinen Kursen essen wir Kuchen oder halten sonst eine kleine Abschiedsparty für mich ab. Zu Hause habe ich eine riesige Portion Schokoladenmuffins gebacken mit kleinem Schweizerkreuz drauf, die ich mit zur Schule nehme. So schießen wir viele Klassenfotos und reden über das vergangene Schuljahr. Ich gebe ein kleines Büchlein herum, wo alle meine Freunde ihre Adresse und einen kurzen Text als Erinnerung reinschreiben können. Das empfehle ich jedem Austauschschüler vor seinem Abschied zu machen. Denn zu Hause schätzt man jedes noch so kleine Souvenir an die vielen Bekanntschaften, die man in seinem Austauschjahr gemacht hat. Ich versuche auch, ein Abschiedsessen zu organisieren mit meinen engsten Freunden, doch das ist gar nicht so einfach. Denn bis jetzt haben leider alle, die ich gefragt habe, abgesagt. Etwas schade ist das schon, wäre schön gewesen alle noch einmal beisammen zu haben.

Auch das texanische Wetter bietet in meinen letzten Tagen noch einmal ein Spektakel. Frühling ist die Jahreszeit der Tornados in Texas. Das sind Wirbelstürme, auch Windhosen genannt, die man schon von weitem am Horizont kommen sehen kann. Und das macht Angst, denn der Wirbelsturm bahnt sich seinen Weg willkürlich durch Siedlungsgebiete und zerstört dabei alles, was ihm in den Weg kommt. Heute Abend ist der Himmel richtig schwarz und im Radio hören wir die Tornadowarnung für den Bezirk Fort Worth. Das jagt mir alles einen furchtbaren Schrecken ein. Draußen sieht es aus, als ob die Welt untergehen würde, und Blitze erhellen den Himmel, gefolgt von einem grollenden Donner. Die Region hier ist auch bekannt als *tornado alley*, was so viel bedeutet wie Tornadogasse.

Die Gasteltern erklären uns, dass man sich bei einem Wirbelsturm am besten in einen Raum verzieht, der keine Fenster hat, die durch den Druck zerspringen können. Da texanische Häuser oftmals keine Keller besitzen, verzieht man sich ins Badezimmer. Sicherster Platz wäre die Badewanne mit einer Matratze drüber. Denn durch die Sanitäranlagen ist man im Boden verankert und kann auf keinen Fall weggefegt werden.

Doch dieses Mal bleibt unser Gebiet glücklicherweise vom Tornado verschont. Richtig aufatmen kann ich aber erst am nächsten Morgen, als der Himmel wieder blau ist und die Sonne scheint, als wäre nichts gewesen. Doch eine Stadt ganz in der Nähe hat es heftig erwischt. Mehrere Häuser wurden zerstört, und es kamen vier Menschen ums Leben. Also mit den Tornados ist hier nicht zu spaßen. Da bin ich wiederum ein bisschen froh, dass ich bald wieder in der sicheren Schweiz sein werde.

Last School Day

Jetzt ist der letzte Schultag gekommen. Der Tag, an dem ich ein letztes Mal durch die stickigen und vollen *hallways* laufe und in den Klassen beinahe einschlafe. Ein letzter Schultag mit all meinen Freunden hier. Mein Kopf realisiert diesen historischen Moment noch gar nicht, mein Körper jedoch schon. Ich bin so nervös, dass ich kaum etwas essen kann. Ich habe sicher schon gefühlte hundert Leute umarmt und mich immer wieder aufs Neue verabschiedet. Sogar die Lehrer geben mir einen *hug*, also eine Umarmung, zum Abschied. Es ist auch lustig, wie plötzlich Leute zu mir kommen und beim Abschied fast in Tränen ausbrechen, mit denen ich kaum Kontakt gehabt habe in meiner ganzen Zeit hier. So werde ich kurz vor meiner Heimreise noch zu „the sweetest person I've ever met" oder „my best friend" von sogenannten Freunden, mit denen ich nie ein Wort gewechselt habe.

Umso trauriger ist der Abschied von meinen wirklichen Freunden. Die kleine Gruppe unseres *lunch tables* werde ich vermissen, genauso wie die lustigen Diskussionen jeden Mittag. Wir machen alle zusammen noch eine Tonne Fotos und sogar die Jungs werden ein wenig sentimental.

Achtzig Prozent aller Leute hier in den USA werde ich wohl nie im Leben wiedersehen. Und mit solchen endgültigen Abschieden habe ich mich noch nie leicht getan. Doch so ist es im Leben. Man trifft Menschen, verbringt zusammen eine gute Zeit, und lässt sie dann wieder gehen. Doch als Person hatte ich auf jeden dieser Menschen einen kleinen Einfluss, genauso wie ich durch die vielen Begegnungen beeinflusst wurde. Dieses Austauschjahr hat mich geformt und verändert, doch wie stark, das kann ich noch nicht sagen. Das werden mir dann die Freunde zu Hause mitteilen.

Allgemein war es ein bewegter Schultag und ich bin am Ende froh, dass ich jetzt schon einen großen Teil aller Abschiede hinter mir habe. Ich finde, Abschiede sind etwas vom Schwierigsten und Anstrengendsten im Leben überhaupt.

Auf dem Nachhauseweg meint Lina, ich solle jetzt wieder ein wenig lachen. Wir würden heute Abend noch mit den Gasteltern in ein Restaurant essen gehen. So verschwende ich keine Zeit vor dem Kleiderschrank und werfe mir die erstbeste Bluse über, die ich noch nicht im Koffer verstaut habe. Die drei anderen warten unten schon am Küchentisch. Sogar eine Krawatte hat sich unser Gastvater umgebunden. Meine Gastmutter meint noch, ich solle doch unbedingt mein Jahrbuch mitnehmen, das schon alle meine Schulfreunde signiert haben. Sie wolle es gerne beim Essen anschauen, wenn sie dürfe.

Als wir beim Restaurant ankommen, meint Lina, ich soll doch schon mal vorgehen, und schiebt mich durch die Eingangstür. Als mein Blick schnell durch das Restaurant gleitet, bleibe ich an einem bekannten Kopf hängen. Da sitzt doch tatsächlich Tom, der schwedische Austauschschüler, an einem langen Tisch, und auf den zweiten Blick erkenne ich Olivia, Maria und alle meine anderen Freunde. Die Emotionen überkommen mich, ich kann meine Freude gar nicht in Worte fassen. Meine Knie fühlen sich wackelig an wie Pudding, und ich habe beinahe das Gefühl, der Boden wird mir unter den Füssen weggezogen. Augenblicklich drehe ich mich zu Lina um und umarme sie stürmisch mit Freudentränen in den Augen. „Wie hast du das nur alles organisiert?“, rufe ich durchs halbe Restaurant. Das ist eine der tollsten Überraschungen, die ich jemals erlebt habe. Und ich dachte, meine Abschiedsfete würde ins Wasser fallen, da alle arbeiten müssen. Doch Lina hat allen direkt, nachdem ich sie eingeladen habe, eine Nachricht geschrieben, mir doch bitte abzusagen, und dann an meinem letzten Abend zu meiner Überraschungsparty zu kommen. Und ich kann nur sagen: Die Überraschung ist ihr gelungen!

Glücklich begrüße ich alle Freunde der Reihe nach. Bis auf einige wenige Ausnahmen sind wirklich alle gekommen. Für mich ist der Platz am Kopfe des Tisches reserviert, wo ich den totalen Überblick über die gemischte Runde habe. Wir bestellen uns etwas zu Essen, während die Gespräche von lustigen Ereignissen und Geschichten des vergangenen Schuljahres handeln. Dank dieser kleinen Party habe ich die Möglichkeit, noch einmal mit all den liebsten und wichtigsten Menschen, die ich über das ganze Jahr kennengelernt habe, zu reden und mich später auch zu verabschieden. Das Jahrbuch, das ich dank meiner Gastmutter mitgenommen habe, macht die Runde. Es ist Tradition, dass alle Freunde unterschreiben, und da ich morgen nach Hause fliege, sind die Texte etwas länger in diesem Fall.

Mit dem Blick auf die volle Runde versinke ich in Gedanken. Hätte ich mir das am Anfang meines Austauschjahres jemals erträumen können, dass ich innerhalb eines Jahres so viele tolle Menschen kennenlernen und gute Freunde gewinnen würde? Ja, sogar eine neue Schwester habe ich gewonnen. Nach einem knappen Jahr habe ich alle in mein Herz geschlossen, dass mir nur schon bei dem Gedanken an morgen die Tränen in die Augen schießen. Es ist, als ob ich einen großen Teil meiner Familie hier in Texas zurücklassen müsste. Auch meine Gasteltern gehören dazu, die sich im Kreise meiner Freunde auch gut zu unterhalten scheinen. Was sie in den letzten Wochen nicht alles für uns gemacht haben. Sie haben mein Austauschjahr geprägt, und nicht zuletzt ihre Großherzigkeit hat mein Bild von den Amerikanern total verändert.

Ich bin nach Texas gekommen, unerfahren mit einem riesigen Koffer und großen Erwartungen im Schlepptau, und werde Texas wieder verlassen mit dem Wissen, immer ein zweites Zuhause hier zu haben und Menschen, die ich besuchen kann. Ich habe beinahe etwas Mitleid mit der unerfahrenen Version von mir selbst am Anfang ihres großen Abenteuers Texas. Hätte ich damals gewusst nur, dass man sich manchmal etwas durchbeißen muss, bis man zum angenehmen Teil des Jahres kommt. Erfahrungen kommen nicht von selbst und wachsen tut man besonders an Herausforderungen. So sage ich jetzt, das hat alles so sein müssen. Das ganze Jahr war so aufgebaut, dass ich nach verschiedenen Herausforderungen schlussendlich mit einer guten Gastfamilie, einer zweiten Schwester und vielen guten Freunden beschenkt wurde.

Ans Aufgeben habe ich nie gedacht, und darüber bin ich wirklich froh. Denn ein Austauschjahr ist wie eine Wundertüte, man weiß am Anfang nicht, auf was man sich einlässt. Doch es ist die beste Schule des Lebens, die ich kenne. Denn kaum jemand wird mit hellseherischen Fähigkeiten geboren. Um *Forrest Gump* aus dem gleichnamigen amerikanischen Klassiker zu zitieren: „Life is like a box of chocolate, you never know what you get."

Die anderen Restaurantgäste sind etwas genervt von dem Blitzlichtgewitter, das wir mit unseren iPhones und Kameras veranstalten. Doch hier geht es um Erinnerungen! Natürlich möchte jeder noch ein Foto machen mit mir, und ich kann auch nicht auf ein Gruppenbild verzichten.

Doch bald verschieben wir unser Fotoshooting nach draußen, vor das Restaurant, wo unsere Gasteltern geduldig auch mit mehreren iPhones in den Händen profimäßig Fotograf spielen. Mit der Zeit werden wir immer verrückter und es entstehen sicher viele lustige Bilder. Es ist der perfekte Moment des Glücks, so vergänglich, da ich genau weiß, dass ich die meisten meiner Freunde hier für eine lange Zeit nicht mehr wiedersehen werde.

Ich versuche mich selbst auch noch an einer kurzen Dankesrede an Lina und natürlich an unsere Gasteltern, sowie auch an alle, die heute gekommen sind. Dafür stehe ich auf einer Bank und Olivia kann es nicht lassen und nimmt das Ganze auf Video auf. Dieser Abend war der perfekte Abschluss eines nicht perfekten Austauschjahres mit vielen perfekten Momenten. Auch wenn meine Rede mehr als improvisiert ist, scheint der Sinn doch rüberzukommen.

Als es dann richtig ans Verabschieden geht, kann ich meine Tränen nicht mehr zurückhalten. Den ganzen Abend lang konnte ich vollgepumpt mit Glück und Adrenalin den Gedanken, dass ich morgen abreisen werde, wegschieben. Doch jetzt wird es plötzlich schrecklich real. Olivia weint in meinen Armen, denn wir beide wissen, dass wir uns kaum sobald wiedersehen werden. Sie wird all ihr verdientes Geld in ihre Collegefinanzierung stecken, und auch ich werde nicht so schnell wieder nach Texas fliegen können. Doch die modernen Medien, wie das Internet und vor allem Skype, geben Hoffnung. So viele Goodbyes an einem Abend, das ist beinahe zu viel für mich. Wenigstens scheint es Lina gleich zu gehen wie mir, auch für sie ist unser baldiger Abschied voneinander noch nicht real und daher hält sie als Einzige ein wenig die Stange.

Ich hasse Abschiede. Jetzt verstehe ich die Amerikaner, die auch bei Abschieden für lange Zeit immer ein „See you later" benutzen. Warum nicht sich selbst ein wenig täuschen, um so den Abschied ein wenig erträglicher zu machen. Denn das Endgültige liegt einem schon schwer auf dem Magen.

Zu Hause kommt noch Amber vorbei und wir albern noch herum bis spät in die Nacht. Wir wecken beinahe die Gasteltern auf, die sich bereits hingelegt haben. Niemand von uns möchte an morgen denken und so tun wir alle, als sei nichts Besonderes. Nachdem Amber gegangen ist, merke auch ich, wie müde ich von dem ganzen Tag bin. So viele Abschiede sind ziemlich anstrengend. Und der schwierigste Abschied steht mir noch bevor. Lina und ich haben unser letztes *sleep over* und ich weiß nicht, ob ich jemals wieder einschlafen kann, ohne das beruhigende Schnarchen neben mir zu hören.

Last Goodbyes

Ich wache schon früh auf. Heute ist also der Tag gekommen, denke ich. Doch lustigerweise fühle ich gar nichts Besonderes. Wie immer mache ich mich bereit und versuche dabei so viel Lärm wie möglich zu veranstalten, um Lina aus ihrem komaartigen Schlaf zu holen. Sie kann doch nicht meinen letzten Tag verschlafen.

Meine Abreise ist immer noch nicht real, als ich nach unten gehe und mich von meinen Gasteltern verabschiede. Da sie heute arbeiten, können sie nicht zum Flughafen kommen. Darum gebe ich ihnen mein Abschiedsgeschenk und mein Abschiedsbriefchen schon jetzt. Der Abschied ist traurig, aber wir versuchen, es schnell und schmerzlos zu halten. Denn es wird ein baldiges Wiedersehen geben. Die Reiselust wird meine Gasteltern bald einmal in die Schweiz bringen, da habe ich keine Angst.

Lange habe ich mir Gedanken über das richtige Abschiedsgeschenk für Lina gemacht. Es sollte persönlich sein, aber auch etwas, das sie an unsere gemeinsame Zeit in Texas erinnert. In meiner Kunstklasse habe ich darum schon früh angefangen, an einem großen Porträt von Lina zu arbeiten. Da sie noch ein größerer Instagram-Fan ist als ich, habe ich ihr all ihre geposteten Fotos online bestellt, so dass sie die Wände ihres Zimmers zu Hause tapezieren kann mit unseren texanischen Erinnerungen. Und natürlich noch ein kleines Büchlein, wie ich es auch selbst hatte, in das sie alle ihre Freunde reinschreiben lassen kann, wenn es dann bei ihr soweit ist, nach Hause zu gehen. Sie wird noch einige Wochen in Texas bleiben, da sie auf ihre Eltern wartet, die sie in Dallas abholen kommen für einen gemeinsamen West-Coast-Trip. Beim Schreiben eines Abschiedsbriefes fällt mir noch einmal auf, wie viel wir doch zusammen durchgestanden haben. Und wie viel wir zusammen immer gelacht haben, obwohl uns den Umständen entsprechend gar nicht danach war.

Auch bei einem letzten traditionellen Bagel-Frühstück mit Lina und Amber fühle ich mich nicht so, als sei ich in knapp vierundzwanzig Stunden wieder auf der anderen Seite des Atlantiks. Richtig real wird es erst, als Jessica und John vor der Tür stehen, die mich beide zum Flughafen begleiten werden. Johns Abschiedsgeschenk rührt mich, denn er hat mir ein ledernes Tagebuch gekauft, da ich doch das ganze Jahr hinweg bereits zwei Bücher mit Geschichten und Erfahrungen gefüllt habe.

Um meine zwei riesigen Koffer zu transportieren brauchen wir zwei Autos. Ich mache mir schon ein wenig Sorgen, ob mich das Übergewicht beider Gepäckstücke nicht noch ein Vermögen kosten wird. Als wir beim Flughafen Dallas ankommen, dreht sich mein Magen um. Jetzt wird es Ernst, sage ich mir und straffe meine Schultern. Mit Lina an der einen Hand und einem meiner riesigen Koffer in der anderen laufen wir zum Check-in, wo wir uns ganz hinten in der langen Schlange anstellen müssen. Die Wahl des richtigen Schalters ist in meinem Falle entscheidend. So suche ich mir den nett aussehenden älteren Herrn am Schalter vier aus. Und tatsächlich, ich habe Glück. Als ich ihm mit traurigem Blick erzähle, dass ich heute die United States verlassen und mich von meinen Freunden verabschieden muss, lässt er meine beiden übergewichtigen Koffer augenzwinkernd passieren. Puh, das wäre schon einmal geschafft.

Jetzt muss ich mich wohl wirklich von Lina verabschieden. Nachdem ich mich bei Jessica bedankt habe und mich noch einmal entschuldigt habe, für die viele Arbeit, die sie mit uns zwei Mädchen hatte, kommt es doch immer näher. Lachend meint sie nur, dass ihr nächstes Jahr richtig langweilig werde, ohne uns zwei. Doch soweit wird es nicht kommen, sonst wird sie sich noch ein Haustier mehr anschaffen, denke ich mir. Und mit einem Blick auf Lina, die sich ein Lachen verkneift, weiß ich, dass sie dasselbe denkt.

Der Abschied von Lina ist intensiv, aber ohne Tränen. Noch mit einem Lachen meinen wir, dass wir uns ja schon im Herbst wiedersehen werden.

Noch ein letzter Blick zurück auf die lieben Menschen, die mich alle während meines Aufenthaltes hier in Texas unterstützt haben, und dann geht es zielstrebig durch die Zollkontrolle. Bloß nicht umdrehen, dieses Mantra sage ich immer wieder vor mich hin. Als ich es dann trotzdem tue und alle winkend hinter der Absperrung sehe, bricht es aus mir heraus. Übermannt von allen Emotionen, nicht nur vom Abschied aller Leute, sondern auch vom endgültigen Abschied eines Lebensabschnittes und dem Leben als Austauschschüler. Die Zollbeamten werfen mir alle einen mitleidigen Blick zu und lassen mich wortlos passieren. In diesem Moment gibt es kein Zurück mehr.

„Ready for take off in five minutes", tönt es durch den Lautsprecher als ich mich einigermaßen auf meinem Fensterplatz eingerichtet habe. Neben mir sitzen zwei Amerikaner, die schon in ein angeregtes Gespräch gefallen sind. iPod-Ohrstöpsel rein und Musik an. Als ich ganz Dallas noch einmal aus der Vogelperspektive sehe, und über das Dallas Cowboy Stadion fliege, denke ich an das Baseballspiel zurück, das wir uns live anschauen konnten. Die Regeln verstehe ich zwar immer noch nicht, aber es war eine tolle Erfahrung. So viele Möglichkeiten und Erfahrungen taten sich auf für mich als Austauschschüler, ein Ausflug direkt nach Florida mit den ersten Gasteltern oder unsere Reise nach Hawaii. Ich lernte kleine Dinge schätzen, Begegnungen mit inspirierenden Menschen oder auch nur ein leckeres Abendessen. Ich bin reifer geworden, soweit ich das beurteilen kann, und lasse mich nicht mehr so schnell aus der Bahn werfen. Um mich aus der Ruhe zu bringen, braucht es mehr. Mein Kopf ist voller guter Erinnerungen, denn das ist ja das Schöne am menschlichen Gehirn. Die schlechten Erinnerungen werden schnell vergessen und im Nachhinein scheint alles blumiger und nur halb so schlimm gewesen zu sein. Ich danke Texas für alle Erlebnisse, während unser Flugzeug langsam in einem Wolkenmeer versinkt, und von der Millionenstadt Dallas nicht viel mehr als ein kleiner grauer Punkt übrig bleibt. Die Mission Texas ist abgeschlossen.

Ich werde aus meinen Träumen gerissen, als die Stewardess das Abendessen serviert. Mein extra vorbestelltes indisches vegetarisches Menü ist nicht schlecht. Sogar beim Abschied von den Vereinigten Staaten bevorzuge ich indisches Essen statt einem amerikanischen Menü. Das ist schon ein wenig unpassend.
Doch so lecker es auch ist, alleine zu essen macht keinen Spaß, und ich vermisse Lina jetzt schon. Mir kommt in den Sinn, dass Lina mir sagte, in den Notizen meines iPodes sei ihr Abschiedsgeschenk zu finden. Und tatsächlich, da steht geschrieben: „Öffne Video und lehne dich zwanzig Minuten zurück". Lina hat mir zum Abschied ein kleines Video gedreht mit Fotos von unserem Jahr und mit Interviews von allen meinen besten Freunden. Es rührt mich zu Tränen, als ich noch einmal alle Stimmen höre. Sie sind mir so nah, als säßen sie gerade neben mir. So ein persönliches Geschenk habe ich noch nie bekommen. Es ist, als ob ich so einen wichtigen Teil von Texas mit nach Hause nehmen kann, um es wieder und wieder anzuschauen. Während des zwanzigminütigen Videos muss ich

ein paar mal laut auflachen, worauf ich mir doch gleich einen genervten Blick meines Sitznachbarn einfange. Lina fasst unser Austauschjahr gut zusammen, als sie meint: „Wir haben so viel Mist zusammen durchgemacht, wie Verfolgungsjagden und Familienkrisen, aber auch Schönes, wie unseren Hawaiitrip. Darüber könnte man ein Buch schreiben."

Im Flugzeug nach Zürich kommt dann endlich die Vorfreude. Ich kann es plötzlich gar nicht mehr erwarten, bis ich endlich in der Schweiz lande. Wie lange habe ich auf das Wiedersehen mit Freunden und meiner Familie gewartet. Wie wird es sein, alle nach einem ganzen Jahr wiederzusehen? Haben sie sich verändert oder wird noch alles beim Alten sein? Vor Nervosität und Vorfreude kann ich mich schon beinahe nicht mehr auf meinem Stuhl halten und zapple herum wie ein kleines Kind. Bin wohl doch noch nicht so erwachsen und reif geworden während meines Austausches. Zum Glück geht es meiner Sitznachbarin ähnlich, die für ein Praktikum als Assistenzärztin einen Monat in Boston verbracht hat. Durch unser Gespräch verstreicht die Zeit ein wenig schneller und plötzlich kann ich schon die Schweizer Alpen erblicken. Wie sehr ich die Berge vermisst habe! Jetzt erst fällt mir auf, wie grün die Schweiz ist. Ein Gefühl von Heimat und Geborgenheit steigt in mir hoch, noch ehe ich Schweizer Boden betreten habe.

Mein Gepäck kommt natürlich wieder einmal als Letztes auf dem Laufband angefahren. Nach langen fünf Minuten des Bangens um mein Hab und Gut, sehe ich endlich die bekannten Koffer. Nur dank der Hilfe meiner Sitznachbarin, die sich als Norina vorgestellt hat, gelingt es mir, die tonnenschweren Taschen vom Laufband zu hieven. Mit schnellen Schritten schreiten wir dem Empfangsbereich entgegen, wo ich in ein paar Sekunden alle meine Lieben wieder in die Arme schließen kann. Als ich Papa als Ersten in dem Empfangsbereich stehen sehe, lasse ich mein ganzes Gepäck fallen und umarme ihn stürmisch. Zum Glück schaut Norina fürsorglich nach meinem Gepäck mitsamt Handtasche, Geld und Pass, das ich alles achtlos habe fallen lassen. Tränen brechen aus mir heraus und auch mein sonst weniger emotionaler Vater blinzelt ein paar Tränen weg. Nach und nach sehe ich auch Mama und meine Geschwister. In Mamas Armen breche ich noch einmal in Tränen aus, dieses Gefühl von totaler Sicherheit und Geborgenheit hatte ich während des ganzen Austauschjahres nie gehabt. Sogar meine Oma, meine Tante und Tanja, eine gute Freundin, sind gekommen, um mich willkommen zu heißen. All die vertrauten Gesichter und Stimmen wieder leibhaftig vor mir zu haben ist genauso ungewohnt, wie deutsch zu sprechen. Ich kann meinen texanischen Akzent nicht leugnen.

Es ist ein so wunderbares Gefühl nach Hause zu kommen. Man sieht alles mit total anderen Augen. So sehen die Wiesen auf dem Heimweg um einiges grüner aus und die Straßen scheinen eine Miniaturausgabe zu sein. So schöne alte Häuser habe ich in Texas vergeblich gesucht. Das erste Mal wieder in sein eigenes Zimmer zu kommen und im eigenen Bett zu schlafen, im Garten zu Abend zu essen und mit dem Fahrrad schnell zum Einkaufen zu fahren. Man schätzt alles viel mehr. Das Alpenpanorama und den See, alles habe ich vermisst. Ich kann sagen, das Heimkommen ist auch ein Highlight des Austauschjahres. Endlich habe ich meine fröhliche Familie wieder um mich herum.

Nur schon alle Freunde wiederzusehen, ist eine Freude. Sie haben sich nicht verändert, meine Sorge war unbegründet. Sie meinen auch, ich hätte mich nicht so verändert, von meinem texanischen Akzent mal abgesehen. Für sie bleibe ich der texanische Cowboy, obwohl ich das ganze Jahr nie auf einem Pferd gesessen bin. Natürlich wollen sie alles von Texas wissen. Doch wo fängt man an mit dem Erzählen eines ganzes Austauschjahres? So etwas muss man selbst erlebt haben. Ich kann nur empfehlen, den Schritt zu wagen und sich ein Jahr lang auf eine neue Kultur fernab der Heimat einzulassen.

cinnamon rolls

Hier noch mein Geheimrezept für die typischen *cinnamon rolls*, die ich backe, wenn das Heimweh nach Amerika allzu schlimm wird.

Zur Herstellung des Hefeteiges:

1 Päckchen	Trockenhefe
100 ml	warme Milch
1/2 Tasse	Zucker
40 g	geschmolzene Butter
1 TL	Salz
1	Ei
450 g	Weißmehl

Alle Zutaten zusammenmischen und zu einer Teigkugel formen. An einem warmen Platz ums Doppelte aufgehen lassen. Rechteckig ca. 50 mm dick ausrollen.

Für die Füllung:

60 g	Rohrzucker
1 1/2 TL	Zimt
40 g	weiche Butter

Butter schaumig rühren und Zimt und Zucker hinzufügen. Den Teig mit dem Gemisch bestreichen und zu einer Rolle zusammenrollen.

Die Rolle in Stücke schneiden und eng aneinander in einer hitzebeständigen Schale platzieren. Zugedeckt für 30 Min. ruhen lassen. Bei 190 Grad ca. 10 bis 15 Min. backen, bis die Schnecken leicht bräunliche Ränder haben

Guss:

4 TL	Butter
90 g	Puderzucker
30g	Frischkäse
1/2 Päckchen	Vanillezucker

Alle Zutaten zusammenmischen und über die noch heißen Schnecken gießen. Frisch schmecken sie am besten!

Guten Appetit!

Survival Tips:

Engagiere dich aktiv in der Schule und trete unbedingt einem Sportteam in der Schule bei. Keine Angst, etwas Neues auszuprobieren, denn als Austauschschüler hat man den Extrabonus und jeder freut sich, den Ausländer dabeizuhaben. Ein Auslandsjahr ist die beste Chance, etwas Neues auszuprobieren oder ein neues Hobby zu finden. Erweitere deinen Interessensbereich. Nur keine Hemmungen!

Tauch ein in die neue Kultur, Sprache und Traditionen deines Gastlandes. Je mehr, desto besser. Es ist das beste Gefühl, wenn man plötzlich in der neuen Sprache zu träumen anfängt oder auf der Straße für einen Einheimischen gehalten wird.

Die Nervosität vor dem ersten Schultag an der neuen Schule ist normal. Dabei ist es einfach. Lächle. So macht man einen freundlichen Eindruck, auch wenn die Sprachkenntnisse vielleicht noch nicht so herausragend sind.

Die Sache mit dem Kontakt zum Heimatland ist immer ein großes Thema. Ich finde, da muss jeder für sich selbst das richtige Maß herausfinden. Bei dem einen führt zu viel Kontakt mit der Familie und Freunden zu Hause nur zu Heimweh, bei anderen ist genau das Gegenteil der Fall. Wichtig ist einfach, dass man offen gegenüber neuen Leuten und der Gastfamilie bleibt, und nicht nur den ganzen Tag zu Hause hockt, um zu skypen, denn so wird es schwer werden, im Gastland Anschluss zu finden.

Immer den Humor behalten. Es wird viele komische Situationen geben, die vielleicht im ersten Moment peinlich sind, aber im Nachhinein umso mehr Anlass zu lachen geben. Wenn man sich selbst nicht zu ernst nimmt und darüber lacht, dann ist alles nur halb so schlimm. Ich empfehle, solche lustigen Anekdoten aufzuschreiben ins Tagebuch oder wo auch immer, dann hat man später auch noch was davon.

Heimweh – wer kennt das beklemmende Gefühl nicht, wenn es einem plötzlich schwer ums Herz wird und man nur nach Hause in Mamas Arme möchte. Bestes Mittel dagegen ist Ablenkung. Geh joggen, unternimm etwas mit Freunden im Gastland oder back etwas Leckeres, das dich an zu Hause erinnert. Sprich auch mit deinen Gasteltern darüber, statt dich einfach nur im Zimmer einzuschließen.

Kommst du trotz Bemühungen und Gesprächen nicht mit deiner Gastfamilie klar, hilft oftmals nur ein Wechsel. Da heißt es, sich nicht unterkriegen zu lassen und für seine Rechte zu kämpfen. Es ist meistens nicht einfach, da die lokalen Betreuer triftige Gründe für einen Wechsel hören wollen. Aber Beharrlichkeit und ein offenes Gespräch sind der beste Weg, denn jeder hat ein tolles Austauschjahr verdient.

Gib dir selbst Zeit, dich in der neuen Umgebung zu akklimatisieren. Es ist normal, dass man sich am Anfang etwas fremd fühlt. Nicht die Geduld verlieren. Ein Auslandsjahr ist in erster Linie ein kultureller Austausch, alles Soziale kommt dann mit der Zeit von selbst.

Tagebuch schreiben muss nicht immer mit „Mein liebes Tagebuch …" beginnen, und kann durchaus eine tolle Erinnerung und gute Verarbeitung der täglichen Erlebnissen und Erfahrungen sein. Ich hatte vor dem Auslandsjahr auch nie das Bedürfnis meine Tage schriftlich festzuhalten.

Wenn es auf das Ende des Austauschjahres zugeht, möchte man so viele Erinnerungen wie möglich mit nach Hause nehmen. Um alle meine Klassenkameraden und Schulfreunde in Erinnerung zu behalten, habe ich ein kleines Büchlein herumgegeben, in das jeder eine kleine Notiz sowie die Adresse hineinschreiben konnte.

Impressionen:

Von all meinen wundervollen Erlebnissen in den USA sind mir nur Schnappschüsse geblieben. Hier sind ein paar Eindrücke

Dallas

Burger im Hardrock Caf

manhattan!

football games

first footballgame

everglades miami

miamicity

State Fair
John & Olivia

xmas ♡

hawaii starbucks
beach & sunshine!
hanumabay hawaii
xmas ♡

Danksagung:

An meine lieben Eltern, die mir das ganze Jahr erst ermöglichten, und mich Tag und Nacht unterstützt haben. Herzlichen Dank an meine tolle Familie und meine Freunde, die mir über weite Distanzen hinweg zur Seite standen. I love you guys!